もくじ

1 どんぐりさんぽ はる なつ あき ふゆ

もくじ

2 私の園のおさんぽ紹介
山形・東京・香川から

3 どんぐりであそぶ・つくる

4 どんぐりを食べる

5 どんぐりで染める

1 どんぐりさんぽ はる なつ あき ふゆ

子どもたちの大好きなどんぐりとさんぽとを
四季を通じてたっぷりあそんでみませんか？
まだ青いどんぐりや、芽を出したどんぐり…、
おさんぽの道ばたには、子どもたちの発見と驚きがいっぱい ！
私たちおとなも子どもの目と心になって、
いっしょにさんぽを楽しみましょう。
おさんぽって、おもしろい。秋って、すてき。
さあ、みんな、「おさんぽいくよ～！」

絵本紹介

『どんぐりノート』いわさゆうこ 大滝玲子 作　文化出版局
『しぜんにタッチ！　はやしでひろったよ』監修 大久保茂徳　ひさかたチャイルド
『ぽっとんころころどんぐり』いわさゆうこ　童心社
『たったひとつのドングリが ―― すべてのいのちをつなぐ』
　ローラ・M・シェーファーとアダム・シェーファー ぶん
　フラン・プレストン=ガノン え　せなあいこ やく　評論社
『おさんぽ』さく・え 前田まゆみ　主婦の友社
『あきぞらさんぽ』えがしら みちこ　講談社
『やまのごちそう　どんぐりの木』ゆのき ようこ 文　川上和生 絵　理論社
『あきいろ おさんぽ』村上康成　ひかりのくに
＊本書で紹介している本が「品切れ」の場合は、図書館などをご利用ください。

どんぐりとさんぽをあそぶ1年間

クヌギやコナラから取ったでんぷんでどんぐりもち、しぼったおからでクッキーがつくれます。保存できるので、シーズンオフにも楽しめて便利です。（参考『どこでもどんぐり』おおたきれいこ　かもがわ出版）

クヌギの雄花

どんぐりカレンダー

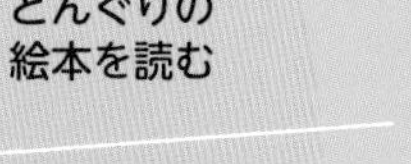

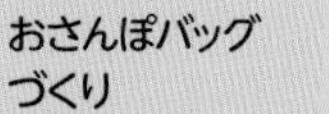

- 1月：おさんぽかるたづくり
- 2月：どんぐり染め
- 3月：どんぐりの写真フレーム
- 4月：さんぽコース下見／おさんぽマップづくり
- 5月：さんぽでどこにどんぐりの木があるかチェック！／さんぽの絵本
- 6月：さんぽでいろいろな生き物発見
- 7月：どんぐりの絵本を読む
- 8月：おさんぽバッグづくり
- 9月：いろいろな木の実をさがす
- 10月：クッキーづくり／どんぐり虫の絵本
- 11月：どんぐり工作／どんぐりをまいてみよう
- 12月：クリスマスお正月飾り

どんぐりひろい

マテバシイ　スダジイ → クヌギ・アベマキ　コナラ → シラカシ　アラカシ

芽と根を出したどんぐり

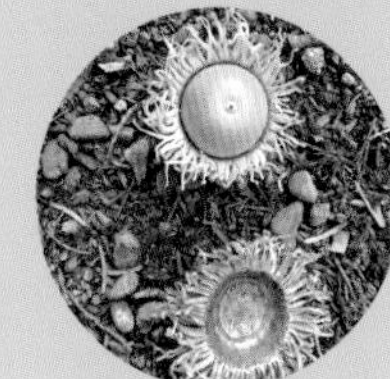

まだ青いどんぐり

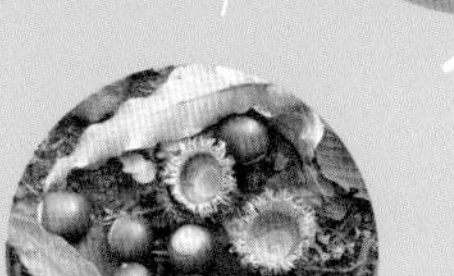

子どもとのおさんぽは、たからものの時間

金子ふみ●かねこ ふみ
東京・武蔵野　保育士

私の勤務していた保育園は、さんぽ先にとても恵まれていました。

どの季節のおさんぽも楽しい時間でしたが、そのなかでも秋のおさんぽは、特に楽しい時間でした。

保育園の裏門を一歩出ると、どんぐりが落ちていたり、向かいの中学校のフェンスのところには、姫りんごが赤く色づいていたりしました。乳児クラスの子どもたちは、そこだけでも大満足！　一つ手にするたびに、「あった！　あった！」と大喜びをしていました。

もう少し大きくなると、さんぽ先の選択肢も増えてきます。

少し足を延ばした先にある公園では、落ち葉・小枝・メタセコイヤの実・ヒマラヤスギの実（シダローズ）…宝の山です。

子どもたちは、小枝を積んで、落ち葉をサツマイモに見立てて、「やきいもできたよ！」と、やきいもごっこが始まります。小枝に落ち葉をさして、「かれっこやいて　とっくらきゃしてやいて　たべたらうまかろ」と歌い、「おさかな　やけました！」。

桜の木の根元にある穴には、ハリネズミくんが暮らしている…とそんな想像をふくらませ何人かがワイワイ！　メタセコイヤの実やら小枝を穴の入り口に置いて、「おやつだよ。たべてね！」と声をかけていました。次に行ったときには「おやつ」がなくなっていて、「ハリネズミくんが食べたんだね」と言いながら、またおやつを置いていました。

別の公園には、マテバシイがたくさん落ちていました。首から下げたおさんぽバッグいっぱいに入れた子は、もっとひろおうと屈むとポロポロといくつか落ちてしまいます。ひろってはこぼれ…何度もくり返していました。マテバシイはどんぐり虫が出てこないので、おうちの方にも安心なおみやげでした！

一つのものをいろいろなものに見立てたり、おとな目線では気づかないものを発見したり、子どものすばらしさを感じることのできる子どもとのおさんぽの時間は、私にとって、たからものの時間でした。

おさんぽ必須アイテム

おさんぽに行くとき、保育者のリュックには何が入っているでしょうか。
基本的なものはもちろん、あったら便利！ 持って行くと楽しいものも教えてもらいました。

●保育者は子どもの目につきやすいように、赤やピンクの帽子をかぶるなどの工夫をしています（こども園すまいる）

子どもは帽子必須
はき慣れた靴で

あったら便利！楽しい！

バトン（リレーごっこ） カメラ
虫めがね アメなどおやつ少々

●大なわ（5歳児は自分で編む。長いのはおとなが編む）
多目的に利用できます。ブランコ、電車ごっこ…おんぶや防災時にも使えるね！という話をしています（さくらんぼ保育園）

●虫、草花の小さな図鑑
子どもの発見をその場で確認できてよかったです

●しっぽとりの「しっぽ」やバトン
「しっぽ」スズランテープを三つ編みにしたものを人数分持っていきます。集団遊びをしたいときに役に立ちます（ほんだ保育園）

おさんぽマップをつくろう！

保育のなかで子どもたちと歩く「おさんぽマップ」をつくってみませんか？

保育者同士、子どもや保護者から地域の情報を得たりしながらつくれば、より楽しいマップになります。

保護者が見られるところに貼っておき、ふだんの園でのおさんぽのようすを知ってもらいましょう。

写真も入れると、さらにわかりやすくなります。

おさんぽマップが、毎日の行き帰りや休日のおさんぽなど、親子の時間にも役立つことになったら、うれしいですね。

マップ作成：おおたきれいこ

保育者から

歩く距離が長いので（片道約1.2km20分ぐらい）、それぞれのペースで歩けるように遊歩道を歩くようにしています。

公園の入り口は車道を横切るので、特に注意しています。

ぎんなん橋の近く

ふしぎな川

どんぐり8(エイト)

身近などんぐり調べ

私たちが「どんぐり」と呼んでいるのは、ブナ科の木になる実の総称で、生活のなかから生まれた呼び名です。日本では、約20種類のどんぐりが見られますが、木によって、どんぐりの大きさも形も少しずつ違います。ここでは、身近にひろえそうなどんぐり8種類を紹介します。あなたの園のさんぽコースには、どんなどんぐりの木がありますか？

スダジイ

やさしいひびき「しいのみ」

●分布：本州（福島・新潟県佐渡以南）・四国・九州・沖縄

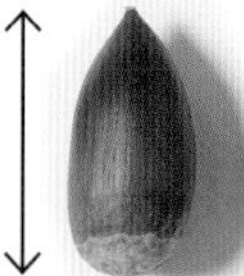

実の大きさ 約1.5センチ

●特徴
・生で食べることができる（ほんのり甘い）

葉の大きさ 5〜10センチ

葉柄のながさ 1〜2センチ

共通点●常緑樹
・1年中、みどりの葉をつけている
・花が咲いてから実（どんぐり）が熟すまで、2年かかる

●特徴
・生で食べることができるが、甘くはない
・よく公園樹や街路樹とされている
・虫がつかないので、工作に向いている
・クッキーづくりに向いている（参考：64ページ）

●分布：本州・四国・九州・沖縄

葉の大きさ 12〜17センチ

葉柄のながさ 2.5〜3.5センチ

マテバシイ

クッキーづくりや工作に最適！

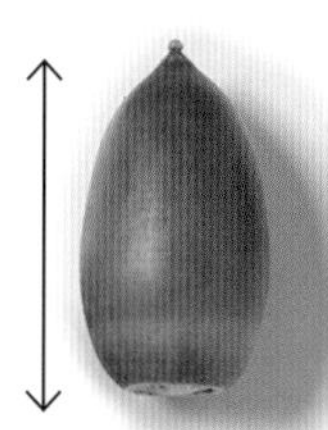

実の大きさ 2〜3センチ

マテバシイ

シラカシ

●分布：本州（福島以南）・四国・九州

実の大きさ
1.5 ～2センチ

シラカシ

葉の大きさ
5～ 12 センチ

葉柄のながさ
1～2センチ

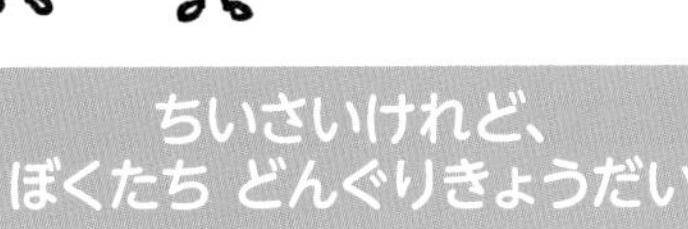

ちいさいけれど、
ぼくたち どんぐりきょうだい

共通点●常緑樹

・1年中、みどりの葉をつけている
・実（どんぐり）は、花が咲いた年の秋に熟す
・実はそっくり
頭の形で、なんとか見分けられる

シラカシ　アラカシ

・カクトは横しまもよう
・食べるときは、こまかくくだいて、
流水にさらして「あく」をぬく

●相違点

・アラカシの葉は、シラカシにくらべると、幅がひろく、上半分にするどいきょ歯（葉のふちのギザギザ）がある

葉の大きさ
5～ 12 センチ

葉柄のながさ
1.5 ～ 2.5 センチ

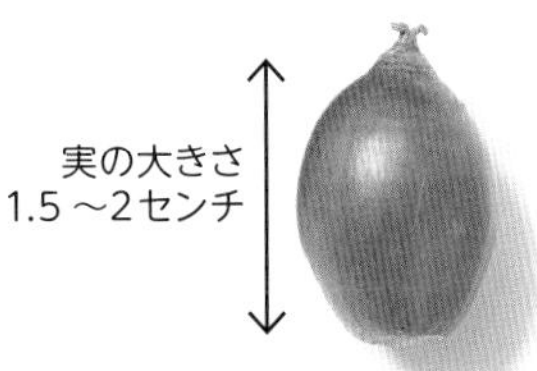

実の大きさ
1.5 ～2センチ

アラカシ

●分布：本州（宮城以南）・四国・九州・沖縄

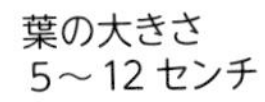

クヌギ

●分布：本州（岩手・山形以南）・
四国・九州・沖縄

クヌギ

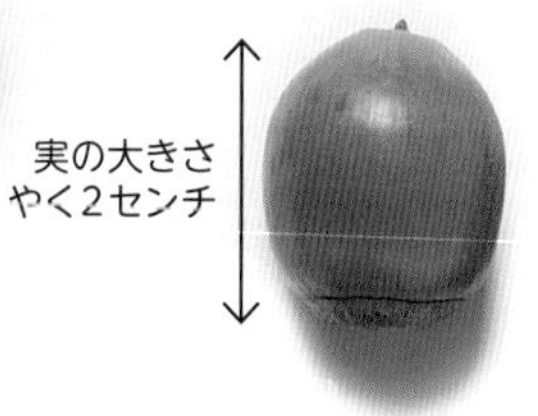

実の大きさ
やく2センチ

葉の大きさ
8～15センチ

葉柄のながさ
0.5 ～ 2.5 センチ

クヌギの樹液は、
虫たちの大好物！

ひろいたいどんぐり ナンバーワン！

共通点●落葉樹
- 秋には葉が黄色く色づく
- 花が咲いてから実が熟すまで、２年かかる
- 実（どんぐり）はそっくりで、ほとんど見分けはつかない
- 食べるときは、水をとりかえながら、くりかえし煮て「あく」をぬく
- こまや、やじろべえなど、あなをあける工作で大活躍！

●相違点
- 葉のうらのいろで、見わける
- クヌギ：みどりいろ
- アベマキ：毛がおおく、しろっぽい

葉の大きさ
12 ～ 17 センチ

葉柄のながさ
2.5 ～ 3.5 センチ

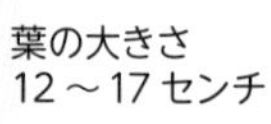

アベマキ

●分布：本州（山形県以南）・四国・九州

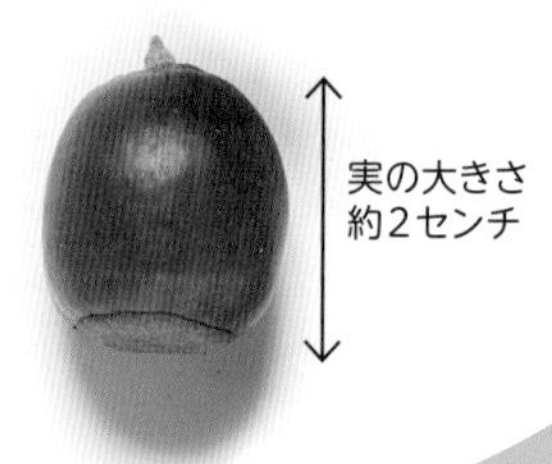

実の大きさ
約2センチ

雑木林といえば…

コナラ

●分布：北海道・本州・四国・九州

コナラ

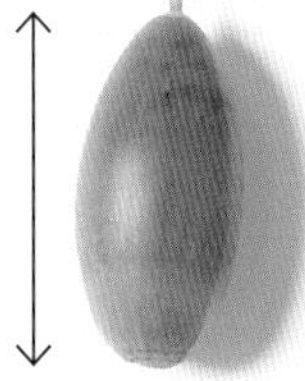
実の大きさ
2～3センチ
ほっそりタイプ

葉の大きさ
5～15センチ

葉柄のながさ
1～2センチ

共通点●落葉樹
- 秋には葉が黄色や赤に色づく
- 実（どんぐり）は、花が咲いた年の秋に熟す
- 食べるときは、水をとりかえながら、くり返し煮て「あく」をぬく

実の大きさ
2～3センチ
ふっくらタイプ

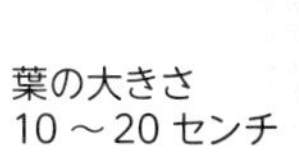
葉の大きさ
10～20センチ

葉柄はみじかく
コナラと区別しやすい

山の動物たちに人気！

ミズナラ

●分布：北海道・本州・四国・九州

いいね！ みんなのアイディア

どんなバッグを持っていきますか？

手づくり おさんぽバッグ

ジップロック

落としても、どんぐりがこぼれないジップロック密閉袋。ひもを通す穴のところはテープで補強（風の子保育園）

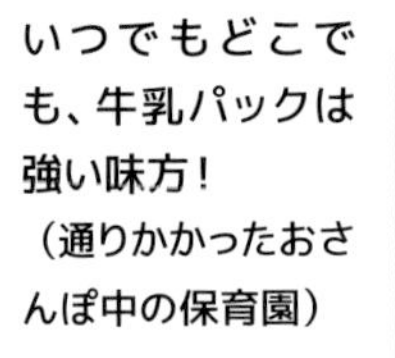

いつでもどこでも、牛乳パックは強い味方！
（通りかかったおさんぽ中の保育園）

牛乳パック

虫博士にピッタリ！ みかんのネットをのばすと入れ口が閉まります（白糸さくらんぼ保育園）

紙コップ

園庭のどんぐりひろいに、ミニバッグはいかが？
（こども園すまいる）

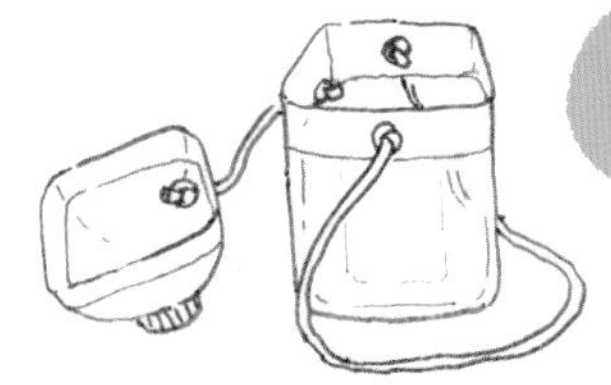

保護者にお手紙を出して、ペットボトルで作ってもらいました。ふた付きなので虫捕りにも活躍します（貴船保育園）

裁縫が得意な職員があまり布でつくったおしゃれな「木の実バッグ」。深さ約16センチ、持ち手約10センチ
（さくらんぼ保育園）

1歳児と2歳児クラスにこのバッグがあり、その日その場で配って、みんなで使っています。

自分の名前を付けて、卒園まで使うおさんぽポシェット。ひもは引っかかったときにすぐ外れるように、片側をマジックテープで付けてあります
（吉祥寺保育園）

あると楽しい　おさんぽビンゴ

遊歩道や公園、交通量の少ないおさんぽコースではビンゴも活躍します。
ちょっと疲れたさんぽの帰り道、ビンゴカードを使って、いつもと違った発見をしながら歩くと、あっという間に園に着いてしまいます。
みんな同じカードなので、同じようなタイミングでビンゴになりますが、それもまた楽しく十分盛り上がります。

● 東京・国分寺　ほんだ保育園（社会福祉法人菊美会）で
実際に使っているビンゴカード　B5サイズ

イラスト：佐藤みちる / 保育士

なまえ

「おさんぽビンゴ」の楽しみ方

1. 全員にカードを配る
肩から下げられるとらくちん！
2. 見つけたら、シールやスタンプを押していく
3. 全部見つける頃には、園にとうちゃ〜く！

ヒント！

- 次のような、見つけられそうなものを入れると楽しくなります。
電車／走っている人／ねこ／犬のさんぽ／ベビーカー／ダンゴムシ／赤い実／まつぼっくり／どんぐり／鳥／木になっているみかん…など
- 5歳児なら絵をバラバラに切っておき、自分で貼って持っていくと本物のビンゴっぽいです。

いいね！
みんなの
アイディア

その場で　すぐあそぶヒント

どんぐりを「さがしてひろう」が一番楽しいけれど、
そろそろ飽きてきた時にこんなあそびはいかが？

お絵かき

どんぐりお絵かき…
このままで持って帰りたい！
（大東保育園）

マラカス

ペットボトルにどんぐりと色紙を入れればカラフルなマラカスに！
(白糸さくらんぼ保育園
子育てひろば)

ころがす

ガムテープでつないだダンボールを巻いて持ってきました。うまくゴールまでころがせるかな？

ペットボトルにどんぐりをひろって入れる
(白糸さくらんぼ保育園
子育てひろば)

投げる

的に向かって投げる！思ったように飛ばないのがおもしろい

\これ、なぁ〜んだ？/

さんぽで見つけた わたしの ぼくの たからもの！

どんぐりさんぽと言っても、見つけたものは、どんぐりだけではありません。
草花はもちろん、もう生きてはいない生きものもいます。

テントウムシ

キンモクセイ

ねこじゃらし

ムクロジの実

クリ

雨でぬれた
まつぼっくり

おさんぽコレクション

きのこ

トチの実

ジョロウグモ

カラスウリ

セミの幼虫が
出てきた穴

セミの羽根

「セミのぬけがら」
びん詰め

何があるかな？

BB 弾

絵本紹介 『集めてわかるぬけがらのなぞ　ゲッチョ先生のぬけがらコレクション』 盛口 満 文・絵　少年写真新聞社
『おちばのほん』 いわさゆうこ　文一総合出版

雨の日も、雪の日も！おさんぽ

雨の日の楽しみは、歩いていると少し深い水たまりができていて、そこで長靴洗いを楽しんだり深さを楽しんだり、川みたい…と言って笹舟を作って浮かばせたりしてあそぶことです。

木を揺らすと、そのとき降っているよりもたくさん雨粒が落ちてくるので、子どもたちが「そこにいて」と、木を揺らして雨を増やしてくれます。雨の日にはカニが歩道にたくさん出てきていたり、カエルが元気に鳴いていたりするので、どこから聞こえてくるのかを楽しんだりしています。

やっぱり、いちばん楽しいのは水たまりかな。最初は、ぴちゃぴちゃあそびや飛び越えるあそびから始まって、だんだん、ばっちゃ～んと思い切りジャンプして水しぶきが上がるのを楽しんでいたり、濡らされて「ぬれた～！」と怒る子が出たり、ワイワイなります。

（湊 千恵／香川・森のようちえんお山歩隊）

雨の日の森探検。カッパを着て出発。森の中に入りいろんな形の葉っぱを見つける子どもたち。「雨が降ったときは、葉っぱの傘があるといいね」とシダの葉っぱやフキの葉っぱの傘を差し始め、自分だけの傘が完成しました。（山形・大東保育園）

雪山探検のある日、冬になっても青々と残っている椿の葉に気づき、１枚採って先生に見せると、先生がクルクル丸めて笛を作り、「ぶーっ」と吹いてみせてくれました。「どうやって作ったの？」と、興味津々。みんなが集まってきて、笛作りが始まりました。作るのは簡単でも吹くのは難しく、成功した子は得意になって音を響かせていました。

（山形・大東保育園）

絵本紹介　『あめふりさんぽ』『ゆきみちさんぽ』えがしらみちこ　講談社

どんぐりひろいからイメージの世界へ「くまがついてきた！」

中山昌子●なかやま　まさこ
東京・武蔵野　保育士

公園の森を探検していたら、たくさんのどんぐりを発見！
「もしかしたら、くまがここに集めておいたんじゃない?」
「みんなで集めて持って帰ったら、くまがついてくるかもしれないよ！」
――こんな子どもの提案にみんなが賛同し、どんぐり集めが始まりました。

「もし、くまに見られていたらどうする?」
「くまは夕方からじゃないと動き出さないから大丈夫だよ！」
それでも、子どもたちにはどこからか見られているように思えるのか、みんなで静かにひろっていました。
「静かにしないと起きちゃうな！　だいぶ集まったから、くまに見つからないように保育園に帰ろう！」
「くまが追いかけてくると困るから、走ってジグザグ道で帰ろう！」
途中どんぐりを落としながら走る子もいました。
「落としながら来たら、くまに道がわかっちゃうじゃない！」
（あらあら、いつのまにか、くまがついてきては困ることになったらしい…）

園に、もどって、かごにみんなのどんぐりを集めて給食の時間。
まだまだイメージはふくらみます。

「でもさぁ！　くまにとったらどんぐりをとられちゃったっていうことだよね !?」
「じゃあ、さくら（組）さん、みんなドロボウと同じってことじゃない?」

(くまの立場になって考えられるなんてすごい！
お昼寝前にそのことを話してみました。すると…)

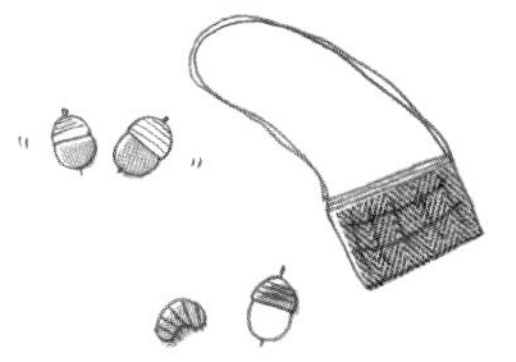

「やっぱり、どんぐり返してきたほうがいいんじゃない?」
「でも、返しに行ったら誰かが捕まってくまに食べられちゃうかも！」
「じゃあ、あの森じゃなくて、別の森に返すっていうのは？」
「小金井公園にも森があるよ！」
など、意見がたくさん出て、結局　別の公園に返しに行くことになりました。

何日か後、どんぐりを持って公園に行ってみると、木の上から何かが降ってきます。
「雨？」「雪？」
(細かいけやきの花が雪のように降ってくるのです)
「木の上にくまがいるんじゃない?」と、誰かが言い出しました。
「逃げろ～!!」と少し走ると、そこには何も降ってきません。
「ここには、くまはいないんじゃない?」
「じゃあ、何か降ってくる所の下でどんぐりを返そう」
子どもたちはけやきの花が降ってくる木の下に、「くまさんごめんね」と言いながら、
どんぐりを返してきました。
帰る途中、またまたどんぐりをひろう子がいましたが、そこでもけやきの花が降り出し…
「どんぐりを置いたら落ちてこなくなったよ！」という、子どもの声。
「やっぱり、くまはついてきていたんだ！」と思ったさくら組のみんなでした。

やっと園に帰ったそのとき、「このどんぐりどうしよう?」と
一人の子の手のひらから出てきたどんぐりを見てみんなは…

くまの話題はこの後もずっと続き、子どもたちとイメージの
世界を楽しみました。

イラスト：石川美帆／保育士

どの場所で、どんな出会いを？

横須賀麻衣●よこすか　まい
東京・東村山　空飛ぶ三輪車・秋津保育所 施設長

さんぽ中に子どもを見失う「事故」が多発し、対応が急がれています。マニュアルの作成やチェックリストの記入で、子どもの置き忘れはなくなるのでしょうか。

子どもたちを一人ひとりとして認識し、それぞれがどんな課題をもっているか、どんな遊びや発見をさせたいかというおとなの側の意識が、保育ではとても大切です。特に自然の中では、おとなの側に自然への興味や関心があり、知識や経験があるときだけ、その保育がうまくいきます。

2歳、落ち葉遊び、かけごえは「おめでと〜！！」

たとえば、実がはぜて落ちるそのときに立ち会い、夢中になっていっしょにひろいながらワクワクするおもしろさを共有する。「あー、楽しかった！」とつぶやく姿を見て、保育者としては胸をなでおろす。それは、きょうの保育がうまくいった証拠でもあり、その満ち足りた時間が、その子が生きていく大事な力になると知っているからです。

子どもを置き忘れないためには、数え続ければいいのです。それ以外に方法がないほどの数の子どもを預かる保育現場という制度の問題を素通りするわけにはいかないのですが、数えているそのあいだは見失うことはないでしょう。

でも、子どもは「数」ではありません。目の前の一人ひとりを大事にみることができる環境と、どの子にどの場所でどんな出会いをさせたいかと考えるおとなの視点があって初めて、子どもの主体が子ども自身にもどされ、ともに生きるおとながその育ちに責任をもって関わることができるのだろうと思うのです。

2 私の園のおさんぽ紹介

山形・東京・香川から

自然いっぱいの山道のおさんぽ、街の中のおさんぽ…
おさんぽのコースや環境は、園によってさまざまですが、
それぞれの工夫で、身のまわりの自然や季節を
楽しんでいます。
あなたの園のさんぽの魅力は、なんですか？
ユーモアあふれるエピソードも
聞かせてもらいました。

いっしょいっしょ！
お友だちといっしょが楽しいね

あか組　もも組　あお組
みどり組　しろ組　ふじ組 保育士

秋のおさんぽの楽しさは、どんぐり、まつぼっくり、きれいに色づいた落ち葉などの収穫物がたくさんあること。そして、ひろったものを手づくりのおさんぽバッグいっぱいに詰めて持ち帰ることも、楽しみの一つです。

歩いて 10 〜 15 分くらいのところにさんぽに行くことが多いですが、回数を重ねて秋には、もう少し遠い公園まで行きます。

ちいさなクラスは、まず自分で歩き探索を楽しむところから。

だんだんとお友だちといっしょが楽しくて、自然と手がつながります。

保育園の近くに、もみじがきれいな公園があります。赤く色づく秋と春の葉の色の違いを感じられ、子どもたちも「まだあかくないねー」など、もみじの葉を見てつぶやいています。子どものつぶやきを聴きのがさず、きれいな花を見つけたときなど、発見の喜びを共感できたらなと思っています。が、行く道は危険がないことが優先されるので、あわてた返事になることが多くなってしまい反省しています。

園ではひろってきたもので製作を楽しんだり、ままごとの素材にして楽しみます。園での活動がおうちでもつながるよう持ち帰ったどんぐりを使って親子で簡単に楽しめるアイディアをお伝えしていきたいと思っています。

製作では、どんぐりを紙ねんどに入れ込んでクッキーにしたり、モビール、落ち葉をパウチして飾る、どんぐりコマ、どんぐりに顔を描いたり、段ボールを丸く切ったものにボンドで付けてピザ。△や□もつくってケーキにしたこともありました。ペットボトルに入れてマラカスも。かわいい音が鳴りますよ。

あわてて使い、虫が出てきてびっくり！することもありましたが、虫が出てこないように対策をすれば、どんぐりは秋〜冬にかけていろいろなことに使えてとっても楽しくすてきな自然からの贈りものです。

落ち葉のプールや葉っぱのシャワー…秋はおさんぽが楽しい！

保育士４名

木の実や落ち葉がたくさんで、自然にふれながらあそぶことができるのが、秋のおさんぽの楽しさです。落ち葉をたくさん集めて、落ち葉のプールにして飛び込んだり、葉っぱのシャワーにしてあそぶことを子どもたちはとても喜びます。

さんぽは、広葉樹がたくさんあり、ザリガニやテントウムシ、チョウチョ、カタツムリなどがいる公園へ歩いていきます。子どもの足で 10 ～ 20 分程度のところが中心です。乗りものは使いませんが、乳児はベビーカーやワゴン（避難散歩車）を使うこともあります。

ひろったどんぐりの中から虫が出てくるのに興味をもち、ひび割れたどんぐりを続々とむいて、「アーモンドだ！」と喜んでいた子どもたち。

幼虫を図鑑で調べてゾウムシになるのだと、虫への興味にも広がりました。

園で、ふだん子どもたちといっしょ使っている図鑑には、次のものがあります。

『小学館の図鑑 NEO 昆虫』

『森のずかん』松岡達英 さく　福音館書店

『花と実の図鑑』斎藤謙綱 絵　三原道弘 文　偕成社

この本の42ページ「どんぐり虫の話」や、
58ページ「どんぐりひろって、こんなことしました」
も見てください

参考

『園の身近な生きものと出あう探検ブック！　ウキウキ散歩』小泉昭男 著　かもがわ出版
『子どもの観る目をはぐくむ植物探検ブック！　園庭は季節を感じる窓』小泉昭男 著　かもがわ出版

あそびがいっぱい
ママもうれしい木の実ひろい

佐藤真貴 ● さとう まき
保育士

ベンチの溝にどんぐりを入れると、くるくる回っておもしろい

秋のおさんぽはワクワク

園から子どもの足で20分ぐらいの浅間山（せんげんやま）という小さな山や武蔵野の森公園、野川公園によくあそびに行っています。秋はたくさんの木の葉や木の実が色を変えて、とても楽しい時期になります。落ち葉をたくさん集めて落ち葉布団にして中に入ったり、落ち葉合戦（雪合戦）のようにかけ合ってワーワーキャーキャー楽しんだり、木の枝に落ち葉をさしてバーベキューごっこ・やきいもごっこが始まったり、数限りなくあそびが広がります。

草原をのぞくとバッタやトンボ、コオロギなど虫の音も聞こえ、虫もたくさんいるので探すのも楽しみの一つです。

枝ぶりがよく人気の木に次々登る

さんぽでは、季節の童謡などをよく歌っています。秋ですと「まつぼっくり」「どんぐりころころ」「秋のそら」「もみじ」「木の葉」など。

ふだんのさんぽは、３歳の秋には近郊の高尾山に登るという大きな目標につながっています。３歳では下りはケーブルカーで降りてきますが、４歳５歳では往復歩き通します。

地域に向けた子育て支援「親子のひろば」でも…

毎年10、11月頃に、親子のひろばでは「木の実ひろい」。近くの多磨霊園内を40分ぐらいかけてさんぽ、いろいろな木がたくさんあり、地域の子どもも入ることができるのです。

新聞紙等やジップロックで木の実入れバッグをつくっておき、その中に入れて持ち帰ってもらいます。12月にはその実を使ったリースづくりも行っています。

１、２歳を家庭で子育てしているお母さんが、「ブランコやすべり台といった遊具がなくても、こんなにいっぱいあそべるんですね」とおっしゃいました。保育園でも地域の親子に向けた「ひろば」の活動を続けていきたいと思うひとことでした。

さんぽの先には何かが待っている

伊藤和子 ● いとう かずこ
園長

園庭でぎんなんひろいをする頃には、きっとあの公園に例のものが落ちているはず。子どもたちを連れて先生たちも、スダジイやどんぐり目指して出かけるよ。大成功のときは意気揚々と。誰のお掃除か、ゴミ袋に収まっていることも。がっかりしても何かある。

そんな残念があってもめげない子どもたちは、めずらしい木の実を見つけおみやげにと、袋いっぱいのどんぐりも届きます。

冷凍庫で凍らせてから乾かして、クリームたっぷりのケーキの上や子どもたちの作品のまわりの飾りに変身したり、どんぐりひろいに行って、ひろってきたどんぐりで「おみせやさん」をして好きなどんぐりを選び、オーナメントづくりをしています。

「おみせやさん」
左側の年少児がおみせやさんになっています。

まるぼさがし

春には『へんてこもりにいこうよ』(たかどのほうこ／作・絵　偕成社) のまるぼをさがしに公園に、かしわの木さがしに行ってきた。ちっちゃい青いどんぐり、見つけたよ。どうして落ちていたのかな？　「まるぼじゃない！」　いつでもさんぽの先には何かが待っている。「せんせい、またつれてって!!」

子どもたちは、読み聞かせしている本『へんてこもりにいこうよ』のまるぼが好きで、今まではみんなで、遠足でまるぼさがしに行っていました。遠足をここ２年間やっていなかったので、昨年、今年は、まるぼさがしに公園めぐりをしながら、さんぽをしました。

たかどのほうこ／作・絵
偕成社

みんなの「行きたい」がつくる探検さんぽ

近藤聖子●こんどう　せいこ
5歳児担当　保育士

「これ、なあに?」(答えはどこかな?)

ここ何年かおさんぽは、子どもたちの「行きたい場所」を尊重するようにしています。以前は保育者が行き先の公園を決めて、そこでこんなことをしようと目的も決めていましたが、そうするとその目的に沿わなかったときに、つい保育士が軌道修正してしまおうとするのです。そうすると、もうそれは自由なおさんぽではないので、今は子どもたちの「行きたい」を尊重しています。

もちろん、どんぐりクッキーのためのどんぐりをひろおう!など、目的のあるときもあります。そういうときも、後半には公園の中で行きたい方向を子どもたちに任せます。園バスで行ったときは、帰り道、駐車場までおとなを連れ帰ってねとガイドをお願い。ちゃんと連れもどしてもらえますよ。

いつもの公園へしゅっぱーつ!

あと、ちょっとした時間のさんぽのときには、園のまわりを探検さんぽ。

右に行くか、左に行くか、曲がるのかまっすぐ行くか、一人ずつ順に聞いて進みます。

おとなのほうがドキドキしますが、毎日通っているので周辺のことはよくわかっていて、園から離れていっても誰かがもどれる道を選んでくれ、いつも無事に帰っています。

おさんぽは、おとなは子どもの後をついて行って安全に気をつけていればいいなと、子どもたちのようすから感じています。

昨年(2021年)は「川博士」の男の子がいたので、国分寺~武蔵野の森公園まで野川をたどって歩きました。

川をたどって歩いていると、自然の草花や川の中の飛び石、ちょっとした段差があそびになって、楽しみながら歩き通せることがわかりました。

仙川もたどりましたが、こちらはコンクリートに囲まれた川になっていて、二つの川の対比もおもしろかったです。　(写真の答え:セミのぬけがら)

自然の中は怖いことも…
でも、楽しみもたくさん!!

湊　千恵 ● みなと　ちえ
NPO 法人森のようちえんお山歩隊代表

山のさんぽで、きれいなものを見つけてニンマリ！

　秋の始まり頃は栗ひろいを楽しみに、そしてどんぐり…さらには、すてきな色の紅葉へ。秋が深まる頃には、落ち葉のシャワーを楽しんでいます。

　子どもたちは食べるのが大好きなので、特に栗ひろいやさんぽの途中にあるフユイチゴやツブラジイを見つけるのに一生懸命。お皿にのせて出されても、それほどおいしくないのかもしれないけれど、みんなで行って競うように見つけて、自分で取って食べるものはおいしくておもしろいようです。

　でも実は、秋のさんぽは、けっこう怖いなぁと思っておさんぽしています。よく人が通っている道は安心ですが、あまり人が通っていない道は、スズメバチの巣がないかよく確認しています。そして、夏にはくさむらにいるマムシですが、寒くなると日向ぼっこをしに遊歩道にも出てくるのです。ですから、子どもたちも出会うことが多くなるので、気をつけています。

おいしいサクランボ！　自分で取って食べるのは楽しい！

　秋が深まる頃、よくカマキリに出会います。この時期、カマキリに慣れた子どもは、カマキリを捕まえてお尻を水につけて、お尻から出てくるものをじっと待ちます。「出てくるかな？」とカマキリを持った子どものまわりに、ほかの子どもたちもやって来てじっと待ちます。

「出てきた〜！」お尻から出てくるのはハリガネムシです。カマキリに寄生しているハリガネムシを出すのも、この時期の楽しい子どもの興味深いあそびの一つです。

（23 ページ 2 章とびら写真参照）

里山のめぐみを感じて ていねいな暮らしを

渡部久美子 ● わたなべ くみこ
主任保育士

1　園庭での火起こしのようす

野草や草花を野外で 料理したり食べたりしよう！

黄金保育園は、山形県鶴岡市の南西部に位置し、金峯山（きんぼうざん）のふところに抱かれた自然豊かな環境にあります。子どもたちは、裏山や田んぼ、竹林、山から流れてくる沢等、日常的に身近にある自然のなかに出かけ、四季折々の自然の変化を感じながら過ごしています。

春には、孟宗、わらび、よもぎ、むかご、ノビル…春だけの季節を見ても、近くの里山にはたくさんの野草が自生しています。私の園では、「野山で見つけた野草や草花をいつでも野外で料理したり食べたりできるようにしよう！」と、野外にたき火コーナーを設置しました。今年も、ノビルやムカゴをホイル焼きにしたり、ヨモギホットケーキを焼いて食べたりしました。

食の体験がつなぐ 身近なフィールドの理解

身近な里山の自然のめぐみを味わうという「食の体験」を通して、自分の身のまわり（地域）に、どのような食べられるものがあるか、わかるようになります。

そして、おいしく食べる経験をすると、子どもたちにとってその場所はお気に入りの場所となり、記憶に残ります。一度その食べものが目に入るようになると、別の場所にあるものにも目が行くようになり、身近なフィールドの理解にもつながっていくと感じています。

2　近くで摘んだヨモギを使って、ヨモギホットケーキづくり

3　自分たちで起こした火で、火かげんも考えながら息を吹きかけ、火を絶やさないように焼きます。ナズナの花など春に咲く野の花をトッピングして、春の香りいっぱいのヨモギホットケーキ完成！

たき火コーナーで火起こしに挑戦

園に設置したたき火コーナーでは、興味をもった子どもたちが集まり、いつでも火起こしを手伝えるようにしています。実際に火を起こす体験を通して、前年度の年長さんのようすを見ていた今年の年長さんが、主体的に火起こしに挑戦したり、年下の子に教えたりしたりしている姿があります。

火の暖かさを肌で感じながら、取り扱い方や加熱することで色や形状が変化することに、気づき、驚き、次はどうなるかと試すという科学する心の芽も育まれているようすが見られます。

黄金保育園では、身近な自然のなかで子どもたちの「やってみたい！」「やってみよう！」という好奇心や探求心を育む環境や関わりを大切にしています。これからも、里山のめぐみに感謝しながら、子どもたちといっしょにていねいな暮らしを心がけていきたいと思っています。

ひろって見とれて
世界と関わる

八木田好葉●やぎた このは
保育所 空飛ぶ三輪車 保育者

落ちていた鳥の巣にどんぐりを入れて

「わー！　このどんぐり、あかとピンクときみどりが入ってる！」

一見茶色いどんぐりでも、シラカシの実はよく見ると縦じま模様。おひさまにかざすと、その線がいろんな色に輝く。

秋の野山はおいしい木の実も盛りだくさん。そこでは、自然がつくり出す芸術にひかれて手にとる、ひろい集めるという経験が積み重なっていく。どんぐり一つの中にたくさんの色を見つけたその子の目には、夏まで鮮やかな緑だった葉が赤や黄色に変化していくようすもちゃんと映っている。

葉が落ちて、あたり一面色のじゅうたん。山のように集めてみんなで抱えてワッと散らす。まるで色をかけ合っているかのよう。その1枚1枚を見てみると、染まり方がそれぞれに違う。束ねればブーケになる。どんぐり帽子の中に小さなお弁当をつくっている子や、どんぐりが根を出した春の姿に見とれる子もいる。

気に入ったもみじを集めてブーケを作る5歳児

「これ、きれいでしょ」「おもしろいでしょ」と、見せてくれる一つひとつに、その子の「好き」が詰まっている。

見つけたそばから広がっていく子どもたちとどんぐりの関係、子どもたちと葉っぱの関係…。同じ世界に存在するものとして出会い、それぞれの方法で関わっている。料理や工作も楽しいけれど、まずは自然界が生み出す色・造形そのものの姿を手にとって楽しむ時間を大切にしていきたいと、子どもたちに気づかされる日々である。

ネイチャーアートを定例行事に

横須賀麻衣●よこすか まい
空飛ぶ三輪車・秋津保育所 施設長

ネイチャーアートの日・親子でリースづくり

新型コロナウイルス感染症が広がって、人と人とが会うことができなくなり、行事が何もできない!と危機感をもちました。

それまで行事のときにコーナーでこじんまり開催してきた「ネイチャーアート」なら、距離も取りやすいし、保護者にも保育の内容が伝わって、大事に集めてきた素材も生かされる――そう考えて一つのイベントにしてみると、これが子どもにもおとなにも大人気でした。ひたすら自然物にふれる、自分で黙々とつくる、素材と対話する。「この時間がとても貴重で、楽しかった!」という声が多く、2020 年より、親子で参加できる秋の終わりの定例の行事になりました。

「公園つくってるの!」

親子でリースにグルーガンで木の実を留める

子どもと集めた自然素材が 50 種ほど並ぶ

3歳「スーパーヒーローのゆめ」

竹やセミの羽も組み合わせる4歳

(22 ページ「コラム」参照)

子どもが名づけたかいじゅうの森で「エビフライ」発見?!

佐藤千佳子 ● さとう ちかこ
保育主任
鈴木史子 ● すずき ふみこ
4・5歳担任

四季を感じ、芽ばえる探究心

大東保育園のまわりにはたくさんの自然や、子どもたちが「かいじゅう」と名前を付けて親しんでいる森があります。子どもたちが大好きなこの森には、歩いて行くことができます。風に吹かれて落葉するようすを見て「葉っぱのシャワーみたいだね」「流れ星みたい」と言ったり、森の中に響き渡る鳥の声に耳を澄ましながら、「お話してるのかな?」とつぶやいたり、感じたありのままを発する子どもたちのことばは、とてもすてきで、感性豊かに育っていることに驚かされます。

そんな子どもたちの発見や気づきの声に保育者も共感しながら、いっしょに楽しんでいます。

森の中では一面に広がった大きなシダの葉っぱの下に、からだを小さくしながらかくれんぼが始まったり、子どもたちはあそびをつくり出す名人です。ただ楽しむだけでなく、倒木の丸太の橋渡りや斜面登りにも挑戦しながら、友だちのことを応援したり、手を差し出して助けてあげるなど、思いやりの気持ちも見られます。

くり返し出かけて四季の移り変わりを感じたり、「これは何だろう?」「葉っぱの色が変わった」など、不思議に思ったことや気づいたことを友だち同士で伝え合ったりしています。図鑑で調べて知ったことを教え合ったりすることで、さらにに探求心が高まり、興味関心が深まっています。

エビフライ発見から、リスが食べたことへの気づきへ

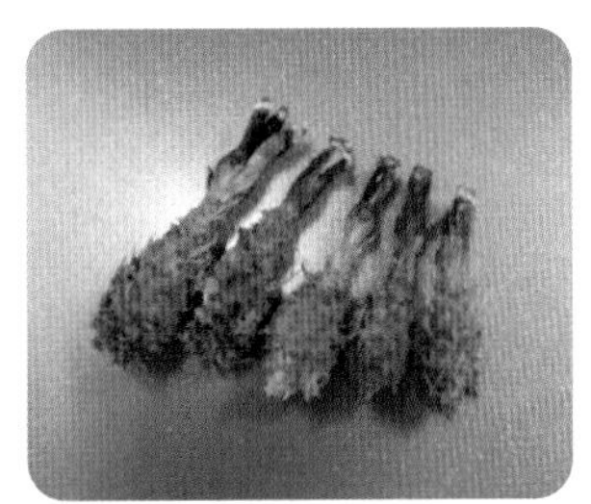

「エビフライ」＝まつぼっくりをリスが食べた残り

　また、ある日には、落ち葉やまつぼっくりひろいをしているときに発見した不思議なものを、「これなんだろう？」と問いかけてみると…「エビフライ！」「えっ？　なんで？？」と大興奮の子どもたち。保育園に持ち帰り、図鑑を見てもわからず。みんなで「これはいったいなんだろう？」という話し合いが始まりました。
「まつぼっくりじゃない？　まつぼっくりは、水に入れておくと開くんだよ」ということで水に入れてようすを見ることになりました。２週間たっても変わらないことがわかり、今度は水から出してようすを見てみることになるもですが、変化なし。まつぼっくりの歌を歌っていたときに、歌詞の中の「おさるがひろって食べたとさ」から、「誰かが食べたんじゃない？」ということに気づいた子どもたち。絵本で調べ、りすが好きな食べものの中にまつぼっくりがあることがわかり、「リスが食べたんじゃない？」ということになりました。

「ふかふかするね」「シャカシャカって音がする」「こっちはサクサクだよ」

笹の葉を見つけて、子どもたちと笹舟作りに挑戦しました。自分の手で作ることができるようになると、堰（せき）に流して楽しみました。

　そこで、園長先生にお願いし、リスの生態がわかる動画を見せてもらうことになったのです。実際にリスがまつぼっくりを食べているようすを見て、「リスだったんだ！」「リスがいるってことなんだね」と気づきの声が聞かれました。

　安全面では、地域の方よりイノシシの情報をいただいたり、クマ情報の確認、事前の下見、法人より職員引率の確保を行い、熊鈴やラジオの活用をしながら、十分に配慮して、さんぽを実施しています。

きょうりゅうの○○さがし さんぽの出会いが始まり

川﨑真由美 ● かわさき まゆみ
辻亜里紗 ● つじ ありさ
ひまわり組担当保育士

きょうりゅうの化石標本写真

きょうりゅうさんぽ

年中クラスのときにみんなでつくった恐竜をきっかけに、年長になった今でもきょうりゅうが好きなひまわり組。ある日、さんぽに行った際、公園内にある3頭の置物に出会いました。自由にあそんでいるときに、Yくんがきょうりゅうの置物を指さし、「あ、今きょうりゅうが動いた!!」と教えてくれました。これがひまわり組の「きょうりゅうの○○」さがしの始まり。

地面に落ちている木の実をひろい、「もしかして、これってきょうりゅうのツメじゃない?」

「こっちにキバがある」。石をひろえば、「化石だ!」「きょうりゅうの骨が埋まってる」と、みんなで喜び合う姿は、まるで小さな冒険家でした。

見つけたものは、自分で肩に下げて持ち帰れる「さんぽバッグ」に入れ、わくわくとした足取りで保育園へ帰りました。ひろった「きょうりゅうの○○」は箱に並べて入れ、標本のようにして飾ることにしました。部屋の一角に置いておくことで、さんぽ後にも楽しめたり、「次への意欲」につながっていくのではないかと考えたからです。

子どもたちは、ふとしたときに見ては、「今度行ったときはきょうりゅうのタマゴ見つけたいな」と話し、さんぽへの期待をふくらませる子どもたちでした。

「ティラノさくらちゃんがうごいた!」

きょうりゅう大好きの子どもたちが年中組のときにみんなでつくった「ティラノさくらちゃん」。

ティラノさくらちゃんと赤ちゃん

このところ毎日、見てないうちに動いているのに気がつきました。「きのうはこっちを向いていたのに!」「なんで!」「夜、公園に行っているのかも!」「足の裏を見てみよう。汚れているかも!」などと考えをめぐらせていました。

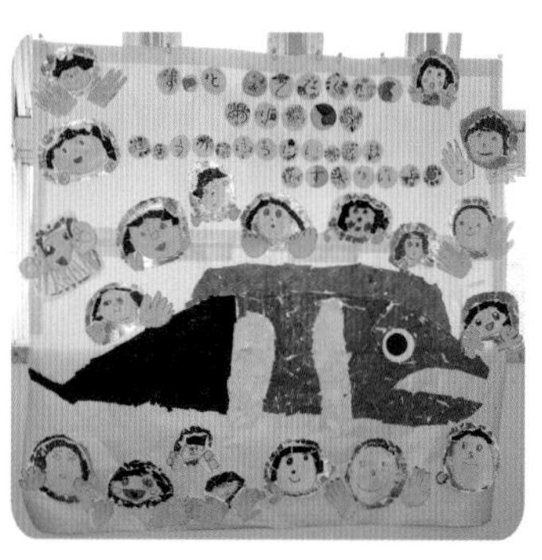
ティラノさくらちゃんの貼り絵
「ずっとみててくれてありがとう。しょうがっこうにいってもわすれないよ」

ある日ティラノちゃんからお手紙が来て、みんなで大切な卵をさがしに行きます。そして、かわいい赤ちゃんが増え…。

ひまわり組はティラノちゃんといつもいっしょ。

子どもたちと絵本のイメージを楽しみながら

本間千明●ほんま ちあき
保育主任

「おおきなかぶ」ごっこをしながら…

保育園から歩いて数分のところに、子どもたちのお気に入りのおさんぽスポットがあり、その道ではまっすぐな道を思いっきり走ったり、道端の葛(くず)のツルを「おおきなかぶごっこ」のように、「うんとこしょ！　どっこいしょ！」と引っぱり合ったりしてあそんでいます。

園の近所の住宅付近をおさんぽした際は、民家の窓からのぞく猫を発見したり、小川にたたずむ鳥を発見したり、子どもたちから「あっ！」という声が聞かれるたびに、みんなで立ち止まり、「見て！　見て！」「いた！　いた！」とワイワイおしゃべりを楽しみながら、さんぽしています。

保育園の近くの農道には道端に野良大根がいっぱい生えているところがあり、子どもたちは、はりきって大根収穫。「大きなかぶ」のように、1人で引っぱっても抜けないと、「○○くん、てつだって！」。

それでも抜けないと、「ぼくもてつだうよ！」と助っ人が登場。どんどんお友だちが増えていき、「うんとこしょ！」と、みんなで力を合わせて引っぱる子どもたちです。

「見て！ 見て！」おさんぽ中に飛行機を発見！

カマキリ発見！ペットボトルのバッグを持って

ある日、いつも元気いっぱいな2歳児の男児が、さんぽの途中でカマキリを発見！カマキリを自分の手に持ってみたいんだけど、ちょっぴり怖くてためらっているところに、ふだんはのんびりマイペースなお友だちがやってきました。ひょいとつまみ上げたようすを見て、「すごいねー！」と、思わずびっくりしているようすが微笑ましかったです。

とんぼ捕まえた！
とんぼってこんな顔なんだぁ…

お友だちが持ちあげてくれているあいだに、カマキリのぷくっとふくらんだお腹のようすや手の動きに興味津々、食い入るように見つめていました。

園ではおうちの人にペットボトルでおさんぽバッグを作ってもらい、おさんぽの際に持って行っています。さんぽ中に見つけた草花や木の実、きれいな石などいろいろなものをひろって入れて持ち帰った日の降園時は、おうちの方が迎えに来ると「見てぇ！」とうれしそうにバッグの中身を見せる姿でいっぱいです。

(14ページ「手づくりおさんぽバッグ」参照)

小さな自然を大切に
苔もコレクション

松下賀代 ● まつした かよ
園長

園庭でフィールドビンゴ

香川県高松市郊外の住宅地と田畑に囲まれたところに当園はあります。高松空港へ向かう沿線沿いで、車の往来もたくさんあります。

園の周囲には残念ながら公園はなく、近くに貸していただいている芋畑までの距離にして３００メートルぐらいが定番のおさんぽコースになっています。その芋畑の隣の庭から落ちる小さなどんぐりをひろうのを楽しみにしているのですが、庭木なので落ちている数は少なく、その場で見てさわって、そばの用水路にポトンと落としてどうなるか観察しています。

大切にしていることは、「小さな自然」を見ることでしょうか。道端のかわいらしい花や生き物などに出会いつつ、自然体験を積み重ねているところです。

瀬戸内海の海辺へ園外保育

道端の田んぼの稲が大きくなっていくようすや、おうちの甘夏みかんの色が青から少しずつ黄色に変化するようすにも「大きくなったねー」「おいしそうだねー」と会話がはずみます。

一人の女の子は、用水路のそばに生えている苔(こけ)が大好きで、必ず小さな手に持てるだけの少しの苔を取って握りしめて園に持って帰ります。それを保育教諭といっしょに園庭のプランターの隅に植え、少しずつ増やし、コレクションしていました。園庭であそんでいるときも、ときどき「苔があるねえ」と会話をしながら、大事そうにそっと観察するのも楽しみにしています。

犬を飼っている家の前ではみんなが必ず立ち止まり、犬に「ワンワン来たよ」「おはようー」と声をかけていると、犬も私たちのことを覚えてくれて、そのうちシッポを振ってくれるようにもなりました。そのことも楽しみの一つです。

何度も何度も立ち止まり、石ころをひろったり、アリの行列を見たり、川の流れを眺めたり…おとなの足で片道5分でも、20分かかることもあります。

満足した子どもたちから「楽しかったねー」と言われるとうれしくなります。

子どもといっしょに大きくな〜れ！

今井久美●いまい くみ
保育士

　保育園の園庭に小さなどんぐりの木があります。この木のどんぐりは大きくて、すべすべして光っていて、子どもたちは見つけると、とてもうれしそうに手に取り、「ママにおみやげにする！」とポケットに入れます。2021年は、草花や木の実を使って自分だけのお弁当づくりを楽しんだのですが、そのときは唐揚げやミートボールに変身して、子どもたちを喜ばせてくれました。

　今年（2022年）の春、まだ雪が残っていた園庭でＫ君が「先生、これなあに?」と私に見せてくれたのは、「どんぐり」でした。雪の中で眠っていて春の陽気に目を覚ましたようです。そして、白い根っこが出ていました。「これを土に植えると、どんぐりになるかもね」と話をすると、「植えたい！」とのことで、早速ペットボトルで作った鉢に植えてみました。「どんぐりの木になるといいね」と優しく土の布団をかけてくれたＫ君。それからはクラスの子どもたちといっしょに水をかけたり、ひなたぼっこをさせたりしながら、「早く大きくなるといいね」と楽しみにしていました。

葉っぱも入れて、どんぐり弁当

　その後10センチくらいになり、葉っぱも4枚出てきました。子どもたちが卒園するまで、いっしょに大きくなってくれたらいいなと思っていました。

葉っぱが4枚になったどんぐり

　ところが、葉っぱが増えて、そろそろ地植えをしようと思っていたところ、夏の暑さのためか、水のやりすぎだったのか、突然枯れてしまいました。「どんぐり枯れちゃった。悲しいから、もう1回育ててみてもいいかな?」と子どもたちに話してみました。するとＩちゃんが「先生、いいよ！　トトロみたいにね、畑に植えようよ。そして大きくなあれってするの！」と話してくれました。トトロの森みたいになればいいねと話をしながら、またどんぐりひろいを楽しみにしているところです。

一人ひとりオリジナルどんぐり弁当をつくりました

おさんぽ失敗談

落ち葉の多い公園で落ち葉のプールで遊んでいたら、子どもが **メガネ** をなくしてしまいました。

保育士２年目１歳児担任だったとき。

どんぐりなどいろいろな実をひろい、イチョウの木の下も通りました。そのときは おそらくつぶれていなかった（おそらくにおいなし）**ぎんなんの実** をポケットに入れ、ルンルンであそんでいたSちゃん。

園に帰って喜んでポケットから出そうとすると、ポケットの中で少しずつつぶれていてプーン（汗）。そのにおいのすごいこと。Sちゃんは、えーんと泣き出し、ポケットに入れていたことに気づいたのですが…

手を洗ってもなかなかにおいが取れず（お迎えのお母さんにも伝え）、お母さんと私で大笑いしたのを覚えています。

ある民家の庭先で見つけた赤い実の名前を子どもに聞かれ、よくわからないながら「**カラスウリ**（18ページ参照）だよ」と答えてしまいました。

近くで聞いていたおばあさんに「**ホウズキ** っていうんですよ、子どもにはちゃんと教えなさい」と注意されました。保育士になりたての秋でした。

小川のある公園、足を滑らせて **靴** がびしょぬれに。ビニール袋をはかせて園に帰りました。替えの靴があればよかったと思いました。

すてきな **赤い実** を見つけた子どもたち。お土産にするなら自分のポケットに入れるように伝えました。

その後もあそびに夢中の子どもたち。気がつくとポッケが真っ赤に…。せっかくの子どもたちのお土産がつぶれてしまいました。

木の実は袋を渡してお持ち帰りするようにと反省しました。

池のある庭で飛び石を渡っていました。落ち葉の季節で飛び石に落ち葉が積もっていたのですが、一か所は池の水に落ち葉がまるく集まっているところがあり、子どもはそこも飛び石だと思って、ピョンピョンと飛んでいき、**池にドボン** と落ちました。

水道でざーっと洗ってあわてて着替えさせて園にもどりましたが、風邪をひかせてしまうかと、ひやひやでした。

3 どんぐりで あそぶ・つくる

子どもたちが目を輝かせてひろい集めたどんぐりや木の実は、
その後どうなっているのでしょう。
色づいた葉っぱもどんぐりも、よく見ればみんな違う形と色。
どんぐりを使った工作やあそびは、自然の色と手ざわりが魅力です。

ひろったどんぐり、保存はどうする？

とりあえず…と、ビニール袋に入れたままにしておくと、どんぐりは蒸れてカビが生えてしまいます。まずは、水で洗って泥などを洗い流しておきましょう。新聞紙の上で乾かしたら、すぐ使うもの以外は、虫対策のためビニールの袋に入れて４〜５日冷凍します。コマなど穴をあけて使いたいものは、使う２日ぐらい前に冷凍庫から出しておきます。マテバシイは虫もつかないので冷凍する必要はありません。

虫対策は、ゆでたりレンジで加熱したり…と方法はいろいろありますが、私は手軽さから冷凍にしています。穴をあけずに使うのであれば、解凍して乾燥して保存できます。暖かい季節だと、ゆでても冷凍しても、乾燥する途中で風通しが悪いと、カビが生えることがあるので注意が必要です。

どんぐりの中身を食べて育ちました。外の世界に出てきた瞬間！　左側の穴はほかのゾウムシが出たあとです。

どんぐりから出てくる虫って？ どんぐり虫の話

まるくて大きなクヌギのどんぐり、箱に入れておいたら中からムニュムニュと白い虫が…。これはクヌギシギゾウムシの幼虫です。どんぐりの種類によって、ゾウムシの種類も変わります。虫が好きな子どもには昆虫図鑑で成虫の写真を見せると興味津々。小さな虫博士のために、冷凍しないクヌギもおいておき、幼虫が出てきたら園庭に逃がしてあげましょう。飼育ケースに土を入れておき、見つけたそばから入れていくのもいいと思います。

「きもちわる〜〜い！」と言って捨ててしまえば、子どもたちは虫嫌いに。「なんの幼虫かな？逃がしてあげようね」と言えば、次に興味が広がっていきます。

幼虫はすぐに土にもぐってさなぎになり、夏が来る頃、成虫になって出てきます。

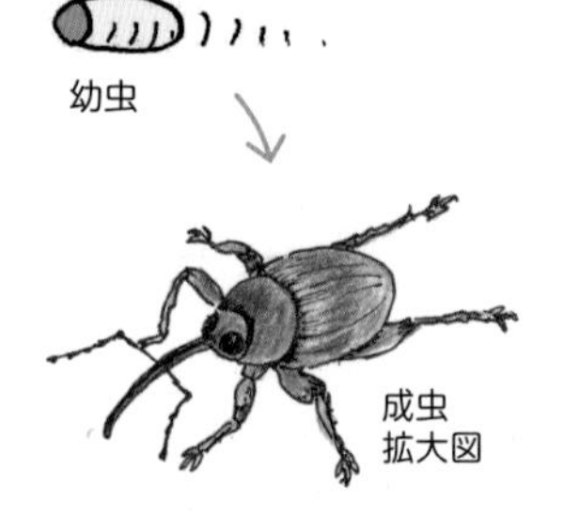

クヌギシギゾウムシ
原寸大シルエット

絵本紹介
『どんぐりころころむし』澤口たまみ ぶん　たしろちさと え　福音館書店
『どんぐりのあな どうしてあいたの？　これ、だれのせい？虫のしわざ 14』箕輪義隆 え　かんちくたかこ ぶん　文一総合出版

音を楽しむ
どんぐりマラカス

ポイント！

- ペットボトルのふたは、テープでよくとめておく
- マスキングテープを巻いてカラフルに
- 中に入れるどんぐりは虫が出てこないように処理したものを使いましょう
- 中に鈴を1つ入れると、にぎやかな音になります
- 色紙を小さく切って入れると、見た目もきれいで楽しい

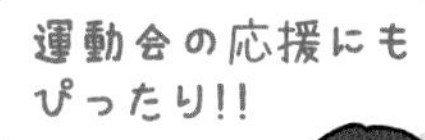

どんぐりの水栽培

1 落ちたてのつやつやしたクヌギのどんぐり、全部冷凍しないで、少しだけビニールの袋に入れて1週間～1か月ぐらい冷蔵庫に入れておいてみてください

2 ちょっとだけ根が出てきたら、ジュースの缶に水を上まで入れて、そこに少し出た根がつかるようにすると、どんどん伸びてやがて芽も出てきます

3 根が長くなってきたら、しばらくはペットボトルでも育てられます。春になったら土に植えてあげましょう

2歳児から

秋をかざろう
おさんぽアート

下準備

- ダンボールで人数分の額をつくっておく（見本は18センチ×23センチ前後）
- 額のまわりの部分は梱包用の片面ダンボールを切ったものを貼る
- 額に穴をあけて下げるひもが通せるようにしておく

当日準備

- ダンボールの額
- さんぽで集めたどんぐりなどの材料
- おてふき
- 紙皿など材料を入れておく容器
- ボンド

絵本紹介　『きのみのぼうけん』作 田島征三「こどものとも」通巻 800 号　2022 年 11 月号　福音館書店

★所要時間は、人数その他の条件によって異なります

製作の流れ　所要時間　約30分

1 子どもたちの紙皿に、自分で集めたどんぐり・落ち葉などの材料をのせる

2 子どもたちに名前を書いた額を渡し、保育者はボンドを付けて貼って見せる

3 子どもの自由に貼っていく

4 ボンドが乾いたら、ひもを通してできあがり（おとなは、はがれそうなところがないか見ておく）

ヒント！

・ダンボールを濡らすと、のりがはがれて片面の紙をはがすことができます。その片面ダンボールを使ってもおもしろい

さんぽで集めた材料を
毎日家に持ち帰っていたら…
こんなにたくさん！

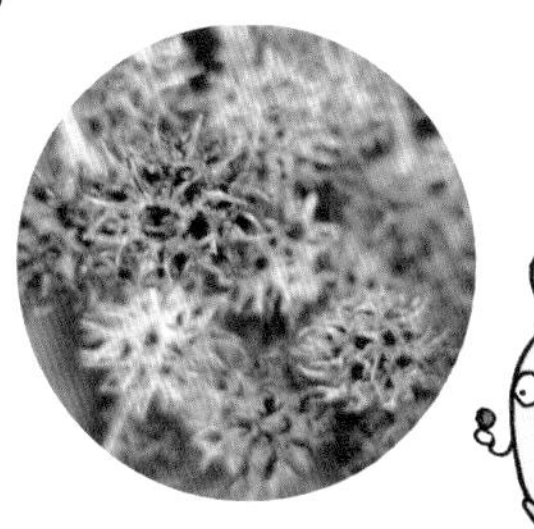

これなに？!

みんなの
アイディア

目玉シールで、どうぶつアート

子どもたちが使わなかった材料を小さなビニール袋に詰めて目玉とくちばしを貼ります。セロテープで葉っぱをつければ、フクロウに！
左の写真はビニール袋を上下逆さにして、セロテープで形を整えています
（アイディア：さくらんぼ保育園 親子のひろば）

（写真の答え：モミジバフウの実）

どんな形ができるかな？

組み合わせリース

下準備

・ダンボールを４センチ×２３センチにたくさん切っておく。長さを半分にしたものがあってもおもしろい。
・見本１～２個

ダンボールの穴の方向

当日準備

・どんぐりやまつぼっくり、小枝・木の葉などさんぽで集めた材料
・ボンド
・キリ
・材料を取り分ける容器
・さげるためのリボンやひも
・手芸用綿や赤いプラスチックビーズ、赤いリボンなどがあるとクリスマスっぽくなります。

製作の流れ　所要時間　約45分

1. ダンボールを3～4本ずつ配る
2. いろいろ並べてみて、自分の形を決める
3. ボンドをつけて固定する
4. 上になるほうを決めたら、保育者が穴をあけリボンを通しておく
5. 容器に材料を選んで、自分の席にもどる
6. たっぷりのボンドで付ける

これでいいかな？

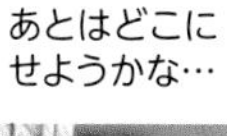

あとはどこにせようかな…

もう1枚重ねてみようっと！

こんな飾り方も（ほんだ保育園）

壁にかけるとすてき（風の子保育園）

いろんな
組み合わせを
考えてみよう

3歳児から

カラフルな屋根、だれが住んでいるのかな？

どんぐりのおうち

下準備

・ダンボール
（家型に切ってリボンを通す穴をあけておく）
・リボン（切っておく）
・折り紙（三角に切る）
・画用紙（まどに合わせて大きめに切る）

当日準備

どんぐりなどさんぽで集めた材料・ダンボール・折り紙・リボンや毛糸など
ボンド・使い慣れたのり・画用紙・油性ペンまたはクレヨンなど

製作の流れ　所要時間　約30分

1. 家型のダンボール、画用紙、折り紙、リボンの順に選ぶ
2. 自分の席にもどり、のりで折り紙の屋根を貼る
3. 画用紙に絵を描いて、まどの後ろから貼る
4. どんぐりや木の実を選ぶ（紙皿があると便利）
5. たっぷりのボンドでどんぐりをつける
6. ボンドをよく乾かす

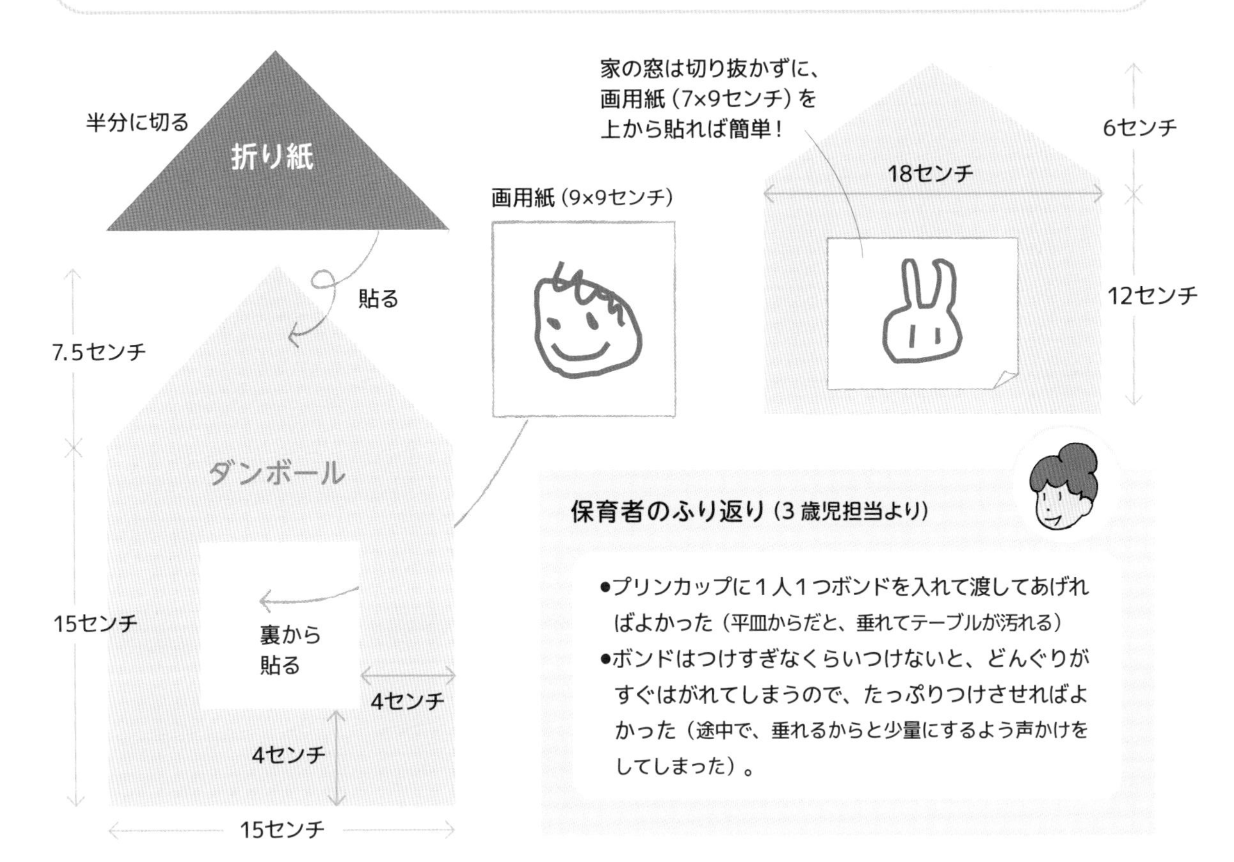

保育者のふり返り（3歳児担当より）

- プリンカップに1人1つボンドを入れて渡してあげればよかった（平皿からだと、垂れてテーブルが汚れる）
- ボンドはつけすぎなくらいつけないと、どんぐりがすぐはがれてしまうので、たっぷりつけさせればよかった（途中で、垂れるからと少量にするよう声かけをしてしまった）。

3歳児から

どんぐりのケーキやさんはいつも人気！

どんぐりケーキ

写真では直径 12 センチのダンボールを使用

下準備

- ダンボールをまるや三角、四角に切っておく（薄めのダンボールが切りやすい）
- 見本のケーキをつくっておく

当日準備

- さんぽでひろったどんぐりやまつぼっくり、葉っぱや小枝
- まるや四角に切ったダンボール
- ボンド・赤のプラスチックビーズなど
- どんぐりなど、自分で使う材料を取り分けるための容器
- 折り紙を敷いたりアルミカップなどを使うと、よりおいしそうに見えます

5歳児なら容器から直接出して使えます

製作の流れ　所要時間　約30分

1. 見本のケーキを見せてイメージをふくらませる
2. つくりたい形のダンボールと材料を容器に入れて席にもどる
3. 下の段からたっぷりのボンドでどんぐりを貼って重ねる
4. ボンドが乾いたらできあがり。おみせやさんごっこにも使えます

写真では5センチ×5センチのダンボールを使用

4歳児から

どんぐりきょうだいは、みんな仲よし

ぼくのかお・みんなのかお

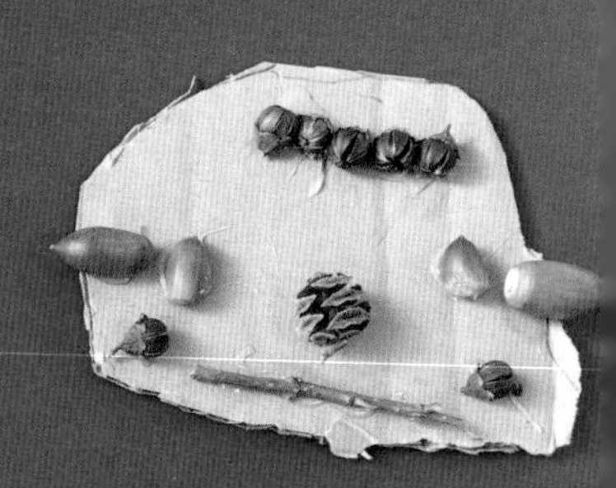

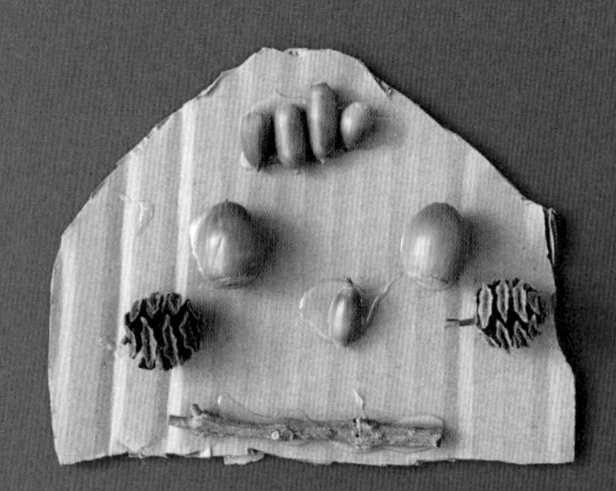

下準備

- どんぐりやまつぼっくり、木の枝、落ち葉などいろいろな素材を用意する
- 子どもでも切れる薄手のダンボール
- ボンド
- 体用のダンボールは保育者がいろいろな形に切っておく

ポイント！

できるだけたくさんのいろいろな形のダンボールや木の枝から選んでもらう

製作の流れ　所要時間　約 45 分

1 子どもたちに見本を見せて、自分の顔をつくってみようと話をする

2 ダンボールに顔の形を描いて、はさみで切る

3 材料を選んで、顔の形のダンボールに貼る

体もつけてみよう

体の部分は保育者が切っておいた
ダンボールから選んでボンドで貼る
（手足・首・体に使えそうな形）
体の部分にも飾りをつける

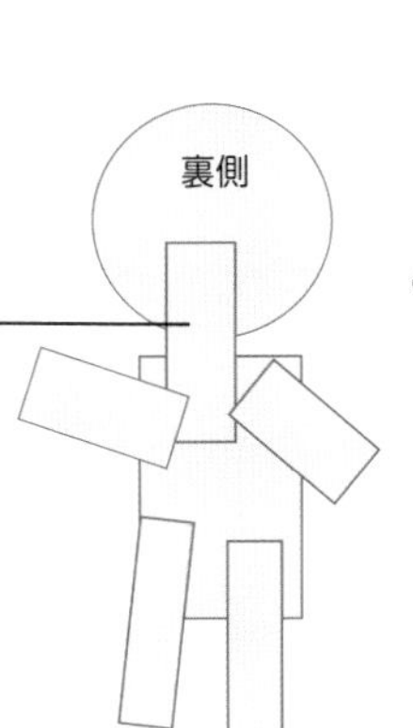

動物もつくって
みてね！

2歳児から

おもしろくて やめられない

どんぐりころころゲーム

下準備

- 保育者がつくって子どもがあそびますが、障害物やゴールを子どもの意見を取り入れながらつくると楽しいです
- コリントゲームは、普通、下から棒で玉をついてあそびますが、幼児には上からころがすほうが簡単です

当日準備

- しっかりしたダンボール
- クヌギやアベマキのどんぐり（ころがし用）
- ダンボールに貼る障害物（どんぐりやまつぼっくり、不用な小さいおもちゃ）
- ガムテープ
- ボンド
- 細長い箱（または、ダンボールを折って）、ころがすところをつくる

製作の流れ　所要時間　約 120 分

1. ダンボールの縁を追って箱型にする
2. 障害物をボンドで貼る
3. 手前のゴールの部分をあけて、箱を置く
4. どんぐりをころがす箱をつける
5. ダンボール板の傾斜やどんぐりの重さによって、ころがす箱の角度を変え一番よい角度をさがす
6. 角度を決めたら、ガムテープで固定する
7. どんぐりが転がってもどるように、ダンボール板にも台をつけて斜めにする
8. ガムテープでテーブルに固定してあそぶ
9. ダンボールの切り口にテープを貼っておくと、さわっても安心

先端をガムテープで固定する

ポイント！

- 子どもがさわるので、ぐらつかないようにガムテープであちこち固定
- カラフルなものを置くと楽しい

5歳児から

家族でドライブ

どんぐりカーでGO!

タイヤには、クヌギやアベマキなど大きいどんぐりを使います

下準備

- 冷凍したどんぐりは、1～2日前に解凍して穴をあけておく
- 車体にするダンボールを切っておく（穴の方向に注意）
- 竹ひごを車体の幅よりも6センチぐらい長く切っておく
- 小枝なども細かく切っておく
- 見本のどんぐりカーをつくる

当日準備

- 穴をあけたどんぐり
- 運転手やお客さんにするどんぐりや、その他まつぼっくりや木の実
- 竹ひご・車体用ダンボール
- 座席用ペットボトルのキャップ
- ボンド
- 白のポスターカラーマーカー
- 目を描く油性ペン（細字）

製作の流れ　所要時間　約 45 分

穴をあけたどんぐり

ボンドを付けて竹ひごを刺す

タイヤはいくつ付けようかな

1 見本を見せてイメージをふくらませる

2 車体のダンボールと竹ひご、座席用のキャップ、タイヤの数だけどんぐりを選ぶ

3 竹ひごの一方の先にボンドを付けてどんぐりに刺す

4 竹ひごをダンボールの穴に通してもう一方にも同じようにどんぐりを付ける

5 ボンドで座席や飾りを付け、油性ペンで顔を描いた運転手やお客さんをボンドでつける。

6 ボンドが乾いたら、坂道をつくって走らせてみましょう！

ヒント！

・車体にするダンボールの幅は2種類ぐらいにすると、竹ひごの長さを決めやすい
・車体の長さはいろいろあったほうが、選ぶ楽しさがあり、おもしろい

もうすぐ完成

できた〜〜！

どんぐりひろって、こんなことしました

おさんぽでひろったどんぐりのその後について聞いてみました。
どんぐりさんぽは、園に帰ってからも楽しみが続きます。

 シイの実ひろって煎って食べました

シイの実を洗ってよく乾かし、フライパンで、から煎りします。はじけてきたらできあがり。皮をむいて食べましょう。シイの実が食べられることを知らない若い保育士に伝えたいです。

（シニア保育士）

 どんぐりゴマをつくってあそびました

どんぐりひろいから帰ったら、子どもの目の前で穴をあけ、ようじを刺して、どんぐりゴマをつくって遊びました。

（風の子保育園・さくらんぼ保育園）

 ままごとしました

紙でつくった器やスプーン、箸などなど「おいしくな〜れ」と混ぜると、よい音がしてうれしそうでした。口に入れないように気をつけています。

（さくらんぼ保育園・空飛ぶ三輪車ほか）

 どんぐりから出てくる虫調べ

どんぐりの中から虫が出てくるのに興味をもちました。図鑑で調べてゾウムシと知り、虫の世界にも興味が広がりました。

（こども園）

どんぐり飛ばししました

乳児はなくなるのを不思議そうに見てキョロキョロしたり、幼児はまねして遠くに飛ばそうとする姿がかわいくて、印象深いです！（さくらんぼ保育園）

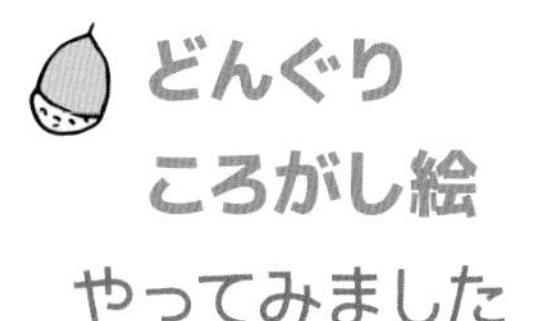

どんぐりころがし絵やってみました

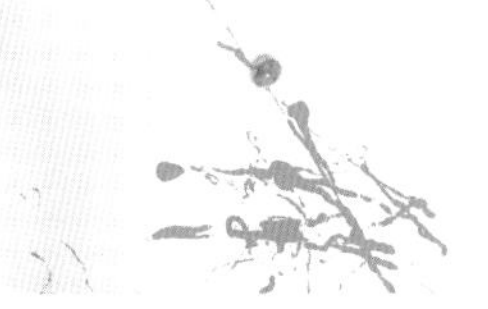

どんぐりに絵具を付けて紙の上でころがします。
（あちこちの園より）

リースつくりました

クリスマス前になると、リースをつくる！という目的をもちながら、幼児クラスはさんぽへ出かけます。別の日に自分で選びひろったどんぐりをさつまいものつるでつくった（これも自分でひろってきたもの）リース本体に木の実をボンドで付けつくっていきます。世界で一つだけのリースの完成に子どもたちは大喜び。
（あちこちの園より）

さつまいものツルのリース素材

どんぐり笛つくりました

虫が出てくるので、煮て、お尻の部分を地面で削り穴をあけ、中身を棒などでほじくります。からっぽになったら、くちびるをあて吹いてみます、とてもよい音がします（5歳児）。
（あちこちの園より）

どんぐり弁当つくりました

秋のおいしさいっぱいのお弁当！！
どんぐりミートボールが決め手。
（いずみ保育園）

3歳児から

クリスマスもどんぐり！

さんかくツリー

下準備

・ダンボールを三角に切り、毛糸を通して下げられるようにしておく
・ツリーに貼る布を小さく切っておく
・型抜きで星の形を抜いておく（黄色の画用紙）

当日準備

さんぽでひろったどんぐりやまつぼっくり・三角に切ったダンボール・クレヨン・型抜きした星・小さく切った布・ツリーに通す毛糸やひも・ボンド・使いなれたのりなど

カラフルな小柄の布が使いやすい

製作の流れ　所要時間　約30分

1 ダンボールにクレヨンで色を塗る

2 一番上に星を貼る

3 小さく切った布から好きなものを選んで貼る
（ここまでは使いなれたのりが扱いやすい）

4 どんぐりや、まつぼっくりなど材料を選んで自分の席にもどる

5 どんぐりやまつぼっくりをボンドでツリーに貼る
（ボンドはたっぷりつけるのがコツ）

6 ボンドが乾いたら、できあがり！

赤のプラスチックビーズなどをかざるとクリスマスっぽくなります

21センチ

19センチ

みんなのアイディア

まつぼっくりやモミジバフウに、毛糸を巻き付けて飾りをつくっています。
かわいいので、おすすめです！
3歳児には少し難しかったのですが、
4歳児では自分たちでできていました。
（さくらんぼ保育園）

参考　『どんぐりクリスマス』おおたきれいこ　かもがわ出版

4歳児から

ならべてかわいい

かみざらのツリー

下準備

・紙皿（穴をあけて下げるひもを通しておく）
・どんぐりやまつぼっくりなど
・白のポスターカラーマーカー
・緑色の画用紙には切り取りの線を白の色鉛筆で描いておく
・折り紙を細かく切っておく
・リボンは結んでおく

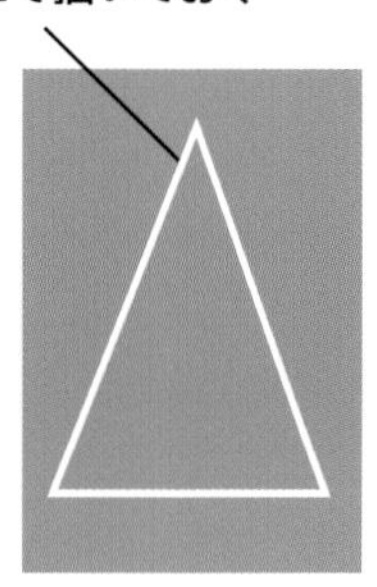

ポイント！

・平らな部分が多い紙皿を使う
・未さらしの紙皿を使うと、雪を描くことができる
・画用紙を三角に切っておけば、さらに簡単

製作の流れ　所要時間　約45分

1 緑の紙をはさみで切ってツリーにする

2 ツリーの紙を紙皿に貼り、細かく切った折り紙を使い慣れたのりで貼る

3 ツリーのまわりに、たっぷりのボンドで、どんぐりを貼る

4 白のポスカで雪を描き、リボンを貼る

4 どんぐりを食べる

あくが少ないマテバシイのどんぐりで、クッキーをつくりましょう。
子どもは食べものにつながることが大好き。
自分たちでひろってきたどんぐりでつくったクッキーは、
お店では買えない最高の味！

マテバシイのクッキー おすすめレシピ

おさんぽでマテバシイがひろえるなら、ぜひ、子どもたちとどんぐりクッキーをつくってみてください。
マテバシイは、アクも少なく、生でも食べられます。

材料 約5人分（約20個分）

どんぐりパウダー	100g
小麦粉	50g
砂糖	30g
バター	30g
たまご	大さじ2～適宜

＊たまごは、子どもがまとめやすいかたさになるように調節する

作業の流れ 所要時間の目安90分

1. どんぐりをフライパンで軽く炒る（薄皮がはがしやすくするため）
2. ペンチなどでどんぐりのカラを割って中身を取り出す
3. 皮をむいたどんぐりをフードプロセッサーで粉にし、どんぐりパウダーをつくる
4. 室温にもどしておいたバターと砂糖をクリーム状に混ぜ、たまごを加えて、さらに混ぜる
5. **4**に小麦粉とどんぐりパウダーを入れ、さらに混ぜる
6. 生地がまとまりにくいときは、たまごを足す
7. 大きめのビー玉ぐらいにまるめて、手の上で軽くつぶす
8. クッキングペーパーを敷いたホットプレートでゆっくり、フタしてこんがりと焼く

どんぐりパウダー

マテバシイのどんぐり500gをむいたら、300gになりました。
フードプロセッサーにかけ、大きな粒をよけると、さらに目減りします。

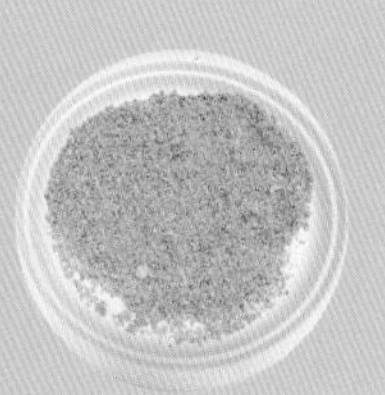

どんぐりのカラむきに便利！

カニの殻割り
（100円ショップで購入）

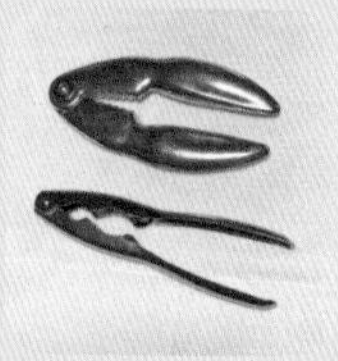

どんぐりクッキーをつくろう！

子ども 4・5歳児の混合
保育者 2人　2チーム 計14人

1日目　準備：約90分

どんぐりパウダーを作る

1 マテバシイのどんぐりはフライパンで軽く炒り、ペンチで割って皮をむきやすくする（保育者が行う）

2 皮をむいて、フードプロセッサーで粉にする（薄皮は取り除き、細かい金ざるでふるって荒い粒は取り除いておく。そのまま焼くと、焼かれた粒は固くなって食べにくい）

ポイント！
小麦粉の割合が多いほど、かたくなります。

2日目　本番：所要時間の目安60分

下準備
・材料、使うものを並べておく
・バターは室温で軟らかくしておく

スタート

1 手を洗う

2 子どもたちにも手順を説明　子どもたちにもわかるように紙に書いて貼っておく

3 砂糖、小麦粉を量る

4 材料を混ぜる

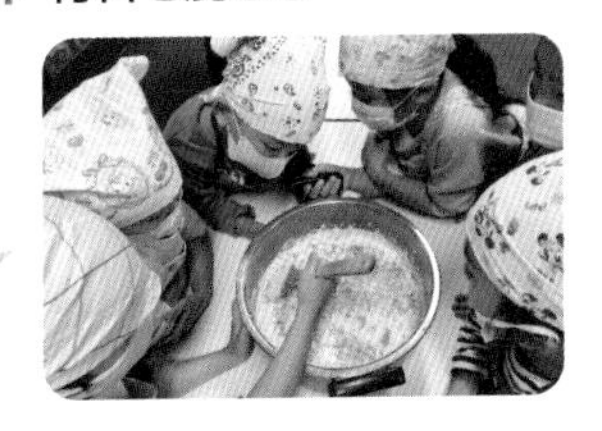

5 まるめてクッキングペーパーの上にならべる

7 まるめ終わったら、調理室で焼いてもらう。170度で15分前後（オーブンの場合、焼き色が付きにくいので、あとから焼き色を付けるとおいしそう！）

風の子レシピ

どんぐりパウダー 180g
小麦粉 270g　たまご 2個
さとう 90g　バター 90g
（小さいクッキーが120個くらいできました）
焼き方　170度で15分前後

保育者のふり返り

どんぐりの粉2：小麦粉3としたら、もう少しどんぐり感がほしいと感じました。

そこで、2回目は小麦粉の割合を減らしたら、どんぐり感がアップしました。

参考　『まるごとどんぐり スペシャル』『どこでもどんぐり』おおたきれいこ　かもがわ出版

「おいしかった!」 家族より・連絡帳から

どんぐりクッキー 作り、とても楽しかったようで「お店のやつみたいなんだよ！」と、ラッピングされたおみやげのクッキーをうれしそうに見せてくれました。どんな工程で作るかを思い出しながら説明してくれ、身近なひろえる「どんぐり」が、手間をかけたら美味しいクッキーになることが、魔法のように感じたようです。

どんぐりクッキー、おいしくいただきました。○○○も朝から「どんぐりクッキーつくったら持って帰るね！」と意気込んでいたので、いっそううれしく思いました。

どんぐりクッキー を家族にふるまって、満足げにしていました。

どんぐりクッキー とてもおいしかったです！
兄もなつかしー！と喜んで食べていました。（小６のお兄ちゃんも卒園児でどんぐりクッキー経験者だったので）

保育者のふり返り

何度食べても「おいしい！　おいしい！と食べてくれました。とにかく自分たちでつくったものは、ひたすらおいしいようです。

３歳児にふるまうと、全員がおいしい！と食べてくれました。もじもじしながら「おかわりください」と。あげられなくて残念でした。

5 どんぐりで染める

クッキーづくりでいらなくなった、
マテバシイのたくさんのカラで、草木染めにチャレンジ！
輪ゴムで布を絞るのは、
子どもたちにはなかなかたいへんですが、
染め上がって輪ゴムをほどいたときの
驚きと誇らしさいっぱいの笑顔には、思わず拍手！

どんぐりで染めてみよう

いろいろなどんぐりで染めることができますが、ここではクッキーづくりで
不要になったどんぐりのカラを使って、染めものにチャレンジしましょう。
マテバシイはそのまま煮出してもなかなか色が出ませんでした。
砕いたカラを煮出したほうが色がよく出ます。幼児にはハンカチが扱いやすい大きさです。

用意するもの

ハンカチ（28センチ×28センチ 112g）
10枚（人数分）

染液：マテバシイのどんぐりのカラ
500gを煮出したもの

媒染：焼きミョウバン
（お湯1リットルに大さじ6を溶かし、
溶けたら水2リットルを足して
3リットルにする）

3つのポイント！

- ハンカチを水洗いして、のりを落としておく
- よく染まるように**濃染処理**をしておく
- **媒染剤**で、色を定着させる

これは必須！

濃染処理剤

ウールやシルクなど、動物性の繊維はそのままでも染まりますが、植物性の繊維である木綿の布は、そのままではなかなか染まりません。色素を定着しやすくするための薬を使うとよく染まります。手芸材料のお店やネットで買えます。

媒染剤

布についた色素が、さらにしっかりと定着するための薬品です。使う薬品の種類によって色あいが変わりますが、焼きミョウバンは薬局やスーパーでも手に入りやすく安全で、家庭のシンクにも流せます。
焼きミョウバンの場合、お湯2リットルに対して、大さじ4杯必要です。

どんぐりでしぼり染め

子ども 5歳児10人　保育者2人

下準備

- ハンカチは水洗いをして、濃染処理をしておく
- ハンカチに名前を書く布をつけておく

当日準備

ハンカチ10枚・マテバシイのどんぐりのカラ 500g・金ざる・油性ペン・ミョウバン・計量スプーン・輪ゴム・絞り用どんぐり・はさみ・バケツ2個・さいばし・卓上コンロ・鍋

作業の流れ　所要時間の目安90分

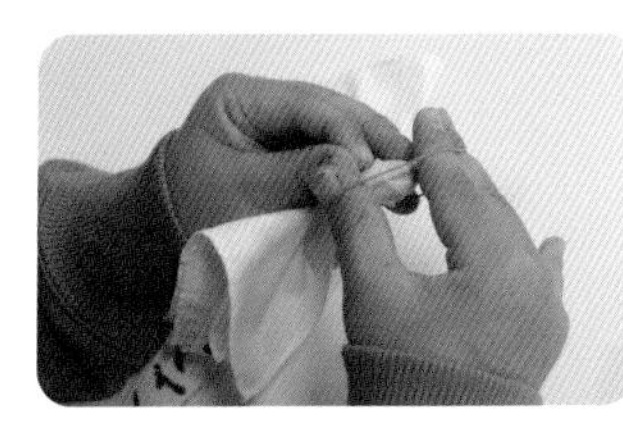

1. どんぐりのカラを鍋で煮出す（20～30分ぐらい）
そのあいだに、ハンカチにそれぞれの名前を書く
2. 子どもたちに見本のハンカチを見せる
どんぐりと輪ゴムで絞りもようをつくり、水にぬらして絞っておく
3. どんぐりのカラをざるでこして染液をつくる
4. ハンカチを鍋に入れ、箸で揺らしながら煮染めする（15～20分）このあいだに媒染液をつくる
5. ハンカチを鍋から出して、媒染液の中に入れ、箸で揺らしながら10分ぐらいつける
6. 媒染液から出して水洗いする
7. 絞って、もう一度染液に入れて15～20分煮染めする
8. 染液から取り出して水洗いする
9. 輪ゴムを外す（ハサミで切ってもOK）
10. 日陰で干して乾かす

ポイント！

- ミョウバンは前もって量っておく
- 水の量も量っておき、子どもたちと媒染剤をつくる
- ぬらしたり水洗いしたりするためのバケツ2個に水を入れておく

参考　『子どもと楽しむ染め時間！　つくって四季を感じよう』村田浩子　かもがわ出版

家族より・翌日の連絡帳から

- 次の次の日、すぐにハンカチ持ってきて使っている子がいました。
- すごくきれいなやさしい色で感激しました。
- どんぐり染め、とってもステキですね。どうやってつくったのか、その手順を1つ1つ母に教えてくれました。本人も気に入っているようです。
- 昨日は、染めたハンカチをうれしそうに見せてくれて、模様がSくんは3コくらい、IくんとKちゃんは、Rちゃんは6コで…etcと、おともだちの数を教えてくれました。子どもたちで見せ合ったのかなと、光景が目に浮かびました。
- 帰るとすぐにどんぐり染めのハンカチを見せてくれるのでした。これがどんぐりの色なんだよと、と教えてくれました。

保育者のふり返り

・ゴムで絞るのはもっとできないと思っていたので、子どもたちが思いの外できていて驚きました。
・ゴムをはさみで切るのは1人が引っぱり1人が切る、など工夫がいりますね。でも、それをあの場で子どもたちと考えたのもよかったかなと思いました。結果、ワイワイ楽しさが増した気がします。
・媒染液につけてお箸で揺らす…子どもたち1人1人にやらせてあげたい気もしました。人数多いから、交代で少しずつやるといいのかな…
・布を絞る、ぜひ子どもたちにやらせたいと思いました。日常で絞るという動作を取り入れることにしようと思いました。

あとがき

さんぽの楽しさ、
どんぐりのおもしろさを

おおたき れいこ

子どもたちとどんぐりをひろい始めてから、何年たったでしょうか。

いつのまにか、わが家の子どもたちはお父さんやお母さんになり、私は孫と手をつないで保育園に送っていくおばあちゃんになりました。毎朝の登園さんぽでは、葉っぱをひろったりダンゴムシをさがしたりしながら歩き、園から帰ってくると、「おみやげだよ！」と、どんぐりをもらったこともありました。

ＩＴ時代の子どもも、やっぱりどんぐりはひろいたくなるんだと、なんだかほっとしたものです。

今回、どんぐりの本をつくろうと考えたとき、さまざまな保育園や幼稚園、こども園のさんぽやどんぐりを使った製作のようすをぜひ知りたいと思い、いろいろな方にお願いして各地の園を紹介していただきました。お忙しいなか、アンケートにお答えくださった先生方、この本は、日々子どもたちと過ごしていらっしゃる先生方の経験と思いがあってこその内容になりました。

関わってくださった多くのみなさま、ほんとうにありがとうございました。改めてお礼申し上げます。どうぞこれからも子どもたちに、さんぽの楽しさ、どんぐりのおもしろさを伝えていってください。

この本の企画・編集とデザイン・制作は、これまでにもいっしょに、おもしろい本をつくってきた「チームまるごと」のコダシマアコさん、三輪ほう子さんとの協働作業でした。ありがとうございました。

ご協力ありがとうございました！

金子ふみ先生（掲載順）
中山昌子先生
東京・ほんだ保育園
東京・境南保育園
東京都認定こども園
東京・さくらんぼ保育園
東京・白糸さくらんぼ保育園
東京・中央幼稚園
東京・風の子保育園
香川・お山歩隊ようちえん組
山形・黄金保育園
東京・子ども自然探検隊保育所
空飛ぶ三輪車
山形・大東保育園
東京・吉祥寺保育園
山形・貴船保育園
香川・こども園すまいる
山形・いずみ保育園

★お名前をあげきれない
たくさんの方々

おおたき れいこ（大滝玲子）

栃木県生まれ。どんぐりあそびの達人。
各地に、どんぐり友だちネットワークをもつ。
子どもからお年寄りまでユニバーサルな（ごちゃまぜ）山歩きの「隊長」。
子どもといっしょにおもしろいことをするのが大好き。
悩みはあるけど悩まない、ストレスあるけどため込まない。
きょうもどんぐりあそびのアイディア考え中。

『どんぐりノート』（いわさゆうこと共著）文化出版局、1995 年
『まるごとどんぐり』（どんぐりクラブと共著）草土文化、1998 年
『親子で野となれ山となれ――子どもと歩く 12ヵ月』けやき出版、2000 年
『駅からあるく西武線』けやき出版、2001 年
『まるごとどんぐりスペシャル』かもがわ出版、2010 年
『どこでもどんぐり』かもがわ出版、2015 年
『どんぐりクリスマス』かもがわ出版、2018 年
『どんぐり4コマ小劇場　下もむいてあるこう！』発行：特定非営利活動法人どんぐりネットワーク
■ E メール　donguritnkm318@gmail.com

デザイン　コダシマ アコ　vcako@me.com

写真撮影　大滝玲子　大滝竜太　三輪ほう子
撮影協力　あお　ゆうり　ゆきと　みき
　風の子保育園／カバー　3・4・5章とびら
写真提供　NPO 法人森のようちえんお山歩隊／2章とびら
協力　大矢野英子　佐藤いく子

参考書籍

『木の実』松山利夫、法政大学出版局、1982 年
『日本の樹木 下』中川重年、小学館、1991 年
『どんぐりの穴のひみつ』高柳芳恵・文、つだかつみ・絵、偕成社、2006 年
『象虫』小檜山賢二、出版芸術社、2009 年
『検索入門　樹木 総合版』尼川大録・長田武正共著、保育社、2011 年
『どんぐりの呼び名事典』宮國晋一写真・文、世界文化社、2014 年

どんぐりさんぽ どんぐりあそび

2023 年 2 月 4 日　第 1 刷発行

著　者　Ⓒおおたき れいこ
発行者　竹村正治
発行所　株式会社　かもがわ出版
〒602-8119　京都市上京区堀川通出水西入
TEL 075-432-2868　FAX 075-432-2869
振替　01010-5-12436
ホームページ　http://www.kamogawa.co.jp
印刷所　シナノ書籍印刷株式会社
ISBN 978-4-7803-1244-7　C0037

どんぐりチャート

どんぐりのなまえをしらべよう！

どんぐりのなまえをしらべるときは、そばにおちているカクトやはっぱも、いっしょにひろうと、なまえをしらべやすいよ。

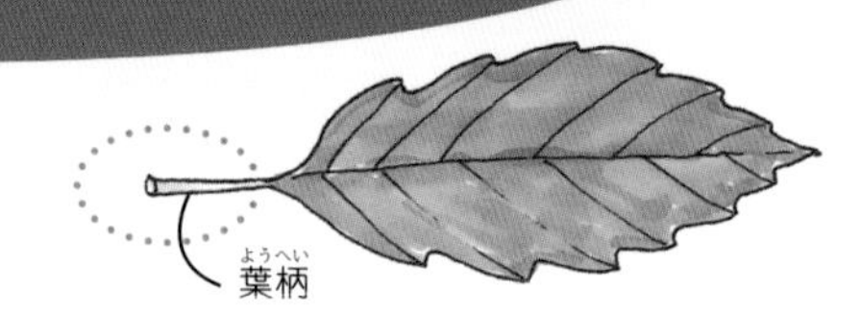

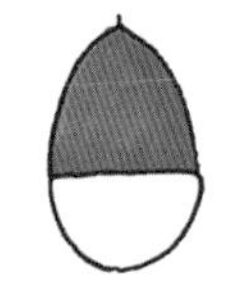

カクトはどんぐりの下のほうだけをつつむ

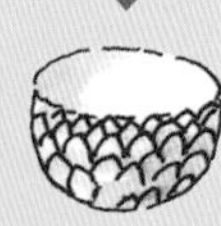

カクトが うろこのよう

カクトのひょうめんの、うろこのようなぶぶんを、「リンペン」といいます。

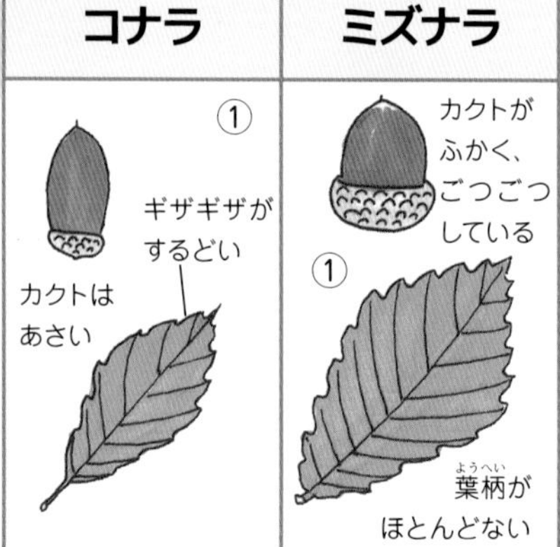

どんぐりが入っているおわんのようなものを「カクト」といいます。

カクトは、どんぐりぜんたいをつつんでいるが、みが熟すとさける

カクトがしましま

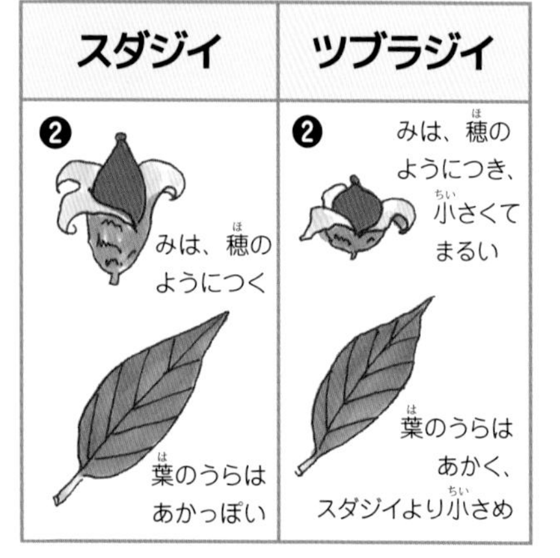

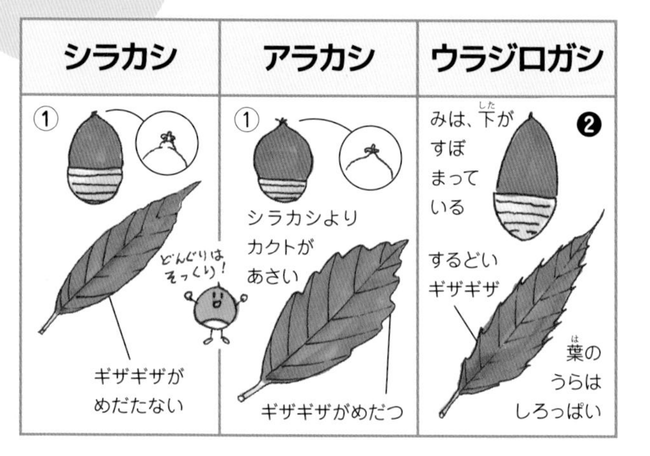

クヌギ	アベマキ	カシワ
❷ リンペンがあつい 葉のうらはみどり	❷ 葉のうらはしろっぽい	リンペンがうすい ① 葉柄がみじかい

どんぐりはそっくり！

カクトのリンペンがほそながい

①……花がさいた年にみが熟す

❷……花がさいたつぎの年にみが熟す

…落葉樹
ふゆには、はっぱをおとす

…常緑樹
ふゆになっても、みどりのはっぱをつけている

わたしたちが「どんぐり」とよんでいるのは、ブナのなかまの木のみのことです。日本でみることができるどんぐりは、20種類ぐらいあります。

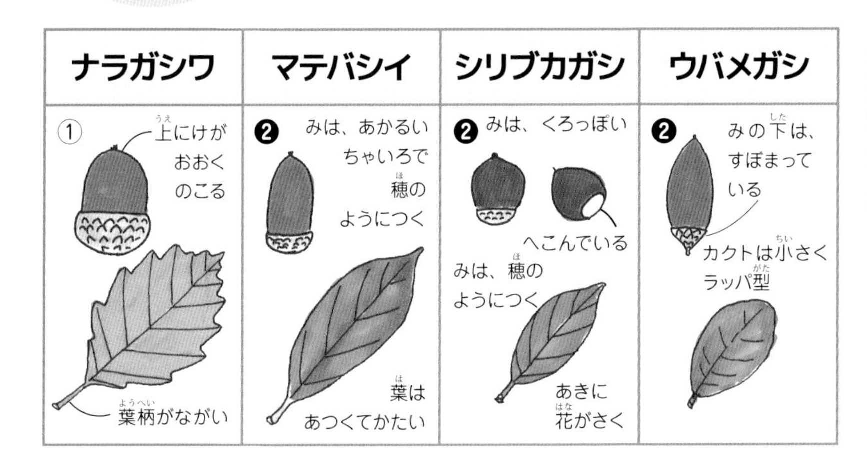

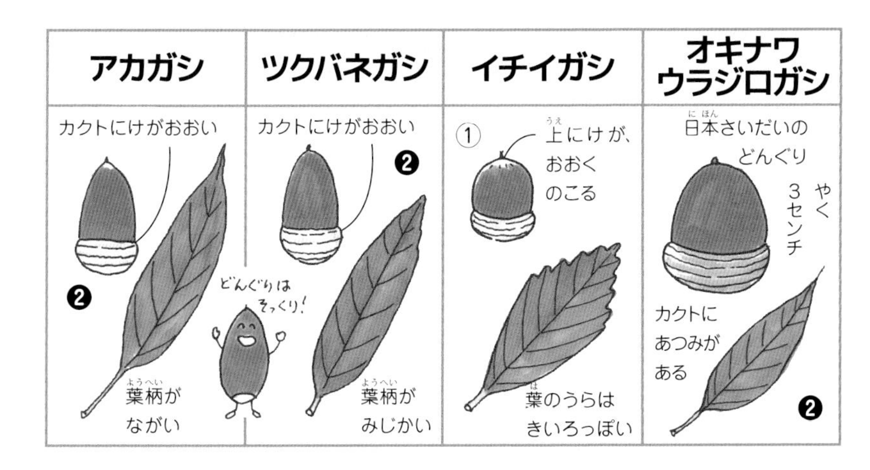